DEUTSCHLAND

GERHARD LAUNER

DEUTSCHLAND

ENTDECKUNG VON OBEN

FREDERKING & THALER

Inhalt

Das Maintal beim Winzerdorf Sommerach (Unterfranken).
Vorherige Doppelseite: Die Schwäbische Alb im Wolkenmeer.

Vorwort

Begleiten Sie uns auf einer ungewöhnlichen Reise durch Deutschland. Sie führt im Slalomkurs durch alle 16 Bundesländer und berührt dabei viele bekannte Städte von Lübeck im Norden über Frankfurt in der Mitte bis Freiburg im Süden, aber noch mehr kleinere Orte, von denen Sie wahrscheinlich nie etwas gehört haben – oder können Sie auf einer Deutschlandkarte zum Beispiel die Insel Koos, die Orte Krausnick oder Kastellaun zielsicher markieren? Wer weiß schon auf Anhieb, wo so bedeutende architektonische Kleinode wie das Wasserschloss Glücksburg, die Abteikirche Neresheim oder die Burg Kirkel zu finden sind? Natürlich lernt man auch die Landschaften Deutschlands kennen, von der amphibischen Welt des Wattenmeeres über die Felsenwildnis der Sächsischen Schweiz bis zu den stillen Waldgebirgen südlich der Mainlinie. Ungewöhnlich ist diese Reise jedoch vor allem, weil sie nicht auf Straßen und Schienen durch unser Land führt, niemals auf festem Boden, sondern immer in Höhen, in denen die Geschwader der Zugvögel unterwegs sind. Und dazu braucht man einen Spezialisten als Reiseführer.

Gerhard Launer, 1949 in Unterfranken geboren und bis heute in dem Weinland am Main daheim, ist eigentlich nicht der typische Spezialist, der mit Scheuklappen gerüstet durch das Leben trottet. Dafür sind seine Interessen einfach zu vielseitig. Aber er vereinigt in sich zwei spezielle Fähigkeiten: Er ist erstens ein Profi-Fotograf und zweitens ein Profi-Pilot. Diese äußerst seltene Kombination führt beinahe zwangsläufig zur Luftbildfotografie, mit der sich Gerhard Launer bereits seit vielen Jahren sehr intensiv und sehr erfolgreich beschäftigt. Davon kann man sich in diesem Buch überzeugen. Zigtausend Ortschaften, Landschaften, einzelne Sehenswürdigkeiten und interessante Strukturen der Erdoberfläche hat der renommierte Luftbildfotograf im Lauf der Jahre fotografiert – allein in Deutschland. Die in unserem Buch gezeigten Fotos stellen deshalb nur eine winzige Auswahl dar. Ein derartiges Riesenwerk benötigt selbstverständlich seine Zeit – im Jahresdurchschnitt mindestens 500 Flugstunden und an manchen Tagen 9 Stunden nonstop. Die Luftbildfotografie ist Schwerstarbeit und für Gerhard Launer die untere Atmosphäre der Arbeitsplatz oder mobiler Zweitwohnsitz.

Trotzdem lohnen sich die Mühen, denn die Schrägbildvariante der Luftbildfotografie (nämlich wie mit dem menschlichen Auge von einem hohen Berg oder Aussichtsturm gesehen) eröffnet vollkommen neue Ansichten und Einsichten, analoge und digitale Fototechnik vom Feinsten vorausgesetzt: Der Urlauber, der vom Strand auf den Wattenmeersaum der Waterkant blickt, sieht zum Beispiel nur eine strukturlose Schlick- und Sandwüste, lediglich der Blick aus der Perspektive der Seevögel enthüllt das bunte Mosaik der Priele, Platen, Gats und Barren. Und ohne die Hilfestellung durch das Luftbild begreift niemand vom Erdboden aus, weshalb die Berliner ein kolossales Gebäude in der Bundeshauptstadt salopp »Bundesschlange« nennen ...

Linke Seite: Der Turm des Ulmer Münsters ist mit gut 161 Metern Höhe der höchste Kirchturm der Welt. Das von dem New Yorker Architekten Richard Meier entworfene und 1993 eröffnete Stadthaus am Münsterplatz, der helle Bau im Vordergrund, muss sich als Blickfang neben dem mächtigen Münster nicht verstecken.

BERLIN

Deutschlands bevölkerungsreichste Stadt und weiträumigster Stadtstaat – Bundeshauptstadt und Regierungssitz der heutigen Republik – war in neuerer Zeit stets ein Brennpunkt der Geschichte unseres Landes, hat dessen gute wie schlechte Zeiten hautnah miterlebt. Der historische »Bericht aus Berlin« schildert so tief greifende Ereignisse wie die Erhebung zur Hauptstadt des deutschen Kaiserreiches (1871), die verheerenden Bombenangriffe im Zweiten Weltkrieg, die Berlin-Blockade (1948/49), die Spaltung der Stadt durch den Mauerbau (1961), den Fall der Mauer (1989) und schließlich den Umzug von Bundestag und -regierung von Bonn am Rhein in die Stadt an der Spree zu Beginn des neuen Millenniums – als unübersehbares Zeichen der Wiedervereinigung.

Die Millionenstadt, die den Braunbären im Wappen führt, war einst durch ihre zentrale Lage inmitten des ehemaligen Kurfürstentums Brandenburg und des späteren Königreiches Preußen bestens als Machtmittelpunkt geeignet, doch wirkt sie unter den übrigen, oft viel älteren deutschen Metropolen eher als ein recht blasser Neuling, praktisch ohne einen gewachsenen mittelalterlichen Kern wie etwa dem von Frankfurt am Main, wo ab dem 14. Jahrhundert die deutschen Könige gewählt und später die deutschen Kaiser gekrönt wurden. Aber gerade eine solche moderne Hauptstadt passt sehr gut in die deutsche und europäische Landschaft von heute, vor allem weil sie von Anfang an ein Schmelztiegel der Nationen und Kulturen war, lange bevor Begriffe wie »Migration« und »Integration« geprägt wurden. Viele der berühmtesten »Berliner« sind in Wirklichkeit Zugereiste, zum Beispiel der in Dänemark geborene Ernst Reuter (»Schaut auf diese Stadt!«), Regierender Bürgermeister in den Jahren der »Luftbrücke«. Die »Buletten« verdankt Berlin – neben anderen französischen Spezialitäten und einem Teil des Know-hows, das es zu einem der führenden Industriestandorte Deutschlands werden ließ, den Hugenotten, die gegen Ende des 17. Jahrhunderts in Frankreich verfolgt wurden und als Migranten in der Stadt an der Spree willkommen waren. Heute verfeinern türkische Gerichte die meist deftige Berliner Küche.

Oben: Berlin ist wie Hamburg eine Stadt der Brücken. In der Bundeshauptstadt macht vor allem die Spree mit ihren Zuflüssen viele Brücken notwendig. Die Oberbaumbrücke verbindet die Stadtteile Friedrichshain und Kreuzberg. Die nach der teilweisen Zerstörung im Zweiten Weltkrieg 1994 wiedereröffnete Bogenbrücke gehört mit ihrer verspielten Architektur zu den schönsten Brücken Berlins.

Rechte Seite: Keine Siegessäule kann nach drei gewonnenen Kriegen (1864, 1866, 1870/1871) weitere Siege garantieren. 1938/1939 wurde das 67 Meter hohe Symbol militärischer Triumphe vom Platz der Republik an den Großen Stern im Herzen des Berliner Tiergartens versetzt. Da trennten Deutschland nur noch ein paar Jahre von der verheerendsten Niederlage in seiner Geschichte, der totalen Kapitulation.

Sightseeing
Stadtrundfahrten
HERU

Mit der beschaulichen Hauptstadt Brandenburgs verbindet den Potsdamer Platz im Zentrum Berlins nur der Name. Um die Mitte des 18. Jahrhunderts angelegt, in der Blütezeit einer der verkehrsreichsten Plätze Europas, im Zweiten Weltkrieg förmlich ausradiert, dann zwischen den Machtblöcken zerrissenes Niemandsland, ist dieser Platz heute supermodernes, vielleicht ein bisschen zu protziges Aushängeschild der Metropole.

In Berlin sind gewiss alle Nationen der Welt vertreten. Mit Ausstellungen und Veranstaltungen wird das Haus der Kulturen der Welt dieser Tatsache gerecht. Es hat seinen Sitz in der ehemaligen Kongresshalle im Großen Tiergarten, ebenfalls ein Vorzeigestück moderner Architektur, das die um respektlose Spitznamen nie verlegenen Berliner »Schwangere Auster« nennen.

Auf dem Breitscheidplatz am Kurfürstendamm, Berlins beliebtester Einkaufs- und Flaniermeile, erstand ab 1891 eine beeindruckende Kirche im Stil der Neoromanik, die schon bald zur Gedächtnisstätte für den im Jahr 1888 verstorbenen Kaiser Wilhelm I. erklärt wurde. Im Zweiten Weltkrieg fiel sie den Bomben zum Opfer, erhalten blieb nur die Turmruine. Diesem Mahnmal wurden in der Nachkriegszeit verschiedene Bauten hinzugefügt, vor allem der charakteristische sechseckige Glockenturm.

Rechte Seite: Kein anderes Bauwerk verkörpert und komprimiert in sich die Geschichte Berlins und unseres gesamten Landes so sehr wie das Ende des 18. Jahrhunderts nach antiken Vorbildern errichtete Brandenburger Tor. Das Wahrzeichen der Bundeshauptstadt erinnert an traurige Ereignisse, wie den Mauerbau, aber auch an die glückliche Wiedervereinigung. Als Kulisse ausgelassener Straßenpartys etwa in Neujahrsnächten oder nach Siegen der deutschen Fußballnationalmannschaft ist es nicht mehr wegzudenken.

Der Tegeler See (hier mit dem Hohenzollern-Kanal und der Insel Marienwerder im Vordergrund) ist einer der zahllosen Seen der Bundeshauptstadt. Fast alle sind in der jüngsten Eiszeit entstanden. In diesem Fall durch eine Gletscherzunge, die ungefähr von Nordosten nach Südwesten vorstieß und beim Rückzug eine längliche Senke hinterließ. In der Rinne sammelte sich später das Schmelzwasser.

Von oben nach unten: Für den 1969 eingeweihten Fernsehturm haben die Berliner gleichfalls einen despektierlichen Beinamen parat: Telespargel. Drei Meter mehr als die Anzahl der Tage eines Jahres misst der Turm mit der charakteristischen Kugel in der Höhe: deutscher Rekord!
Als fürstliches Domizil für die Gemahlin des Kurfürsten Friedrich III. entstand seit dem Ende des 17. Jahrhunderts Schloss Charlottenburg, damals noch in der ländlichen Umgebung Berlins. Ungefähr ein Jahrhundert jünger ist das Belvedere im Schlosspark. Einst als Teehaus errichtet, ist es heute würdiger Rahmen für eine Sammlung edler Porzellane.
Das 2005 eröffnete Denkmal für die ermordeten Juden Europas gleich in der Nähe des Brandenburger Tores mahnt mit einem unterirdischen Museum und einem Stelenfeld am Tageslicht an den Holocaust. 2711 unterschiedlich große Betonquader sind Elemente der bedrückend-eindrucksvollen Gedenkstätte.

Deutschlands politischer Pol, das Berliner Regierungsviertel, befindet sich südlich eines Spreebogens am Platz der Republik. Aus den Bauten, die hier das Bild prägen, ragt vor allem das Reichstagsgebäude heraus. Sein Grundstein wurde 1884 gelegt. Nach der Wende erhielt der vorwiegend im Neorenaissance-Stil errichtete Bau unter anderem die Glaskuppel, die das Reichstagsgebäude zu einem neuen Wahrzeichen der Metropole machte. In modernem Gewand präsentiert sich das Abgeordnetenhauses (links). In der Fluchtlinie erhebt sich hinter dem Reichstagsgebäude Berlins höchstes Bauwerk, der 365 Meter hohe Fernsehturm.

Der um 1730 angelegte Platz in Berlin-Kreuzberg hat seinen Namen zweimal gewechselt. Anfangs hieß er »Das Rondell«. Der Sieg der englisch-preußischen Allianz über die Franzosen verlieh ihm ab 1815 den Namen Belle-Alliance-Platz. Vielleicht wollte man nach dem Zweiten Weltkrieg die französische Besatzungsmacht nicht verärgern und benannte den Platz deshalb nach einem kaum bekannten Politiker Mehring. Das Luftbild verrät, welcher der verschiedenen Namen am besten passte: eindeutig »Das Rondell«.

Seit Mai 2001 hat das Bundeskanzleramt seinen Sitz am östlichen Rand des Großen Tiergartens. Man kann bei dem Gebäudekomplex über Geschmack streiten, unbestritten sind jedoch sein spektakuläres Äußeres im Stil der Postmoderne und die monumentalen Dimensionen, die auf den Regierungssitz einer Weltmacht schließen lassen könnten.

Linke Seite: Vom Lustgarten aus schaut man auf die aufwendig gestaltete Fassade und die technisch meisterhaft ausgeführte Kuppel des Berliner Doms, Grabstätte preußischer Kurfürsten und Könige. Wie viele andere Bauwerke der Metropole entstand der als Hauptkirche des Protestantismus in Preußen geplante Neorenaissance-Bau an der Wende vom 19. zum 20. Jahrhundert.

Eine 500 Meter lange Riesenschlange aus Beton, Stahl und Glas schlängelt sich auf dem Moabiter Werder durch die Berliner Landschaft. Die Idee einer serpentinenartigen Wohnanlage hat gewiss ihren Reiz, kommt allerdings nur im Luftbild voll zum Ausdruck. Für die Bewohner hat sie außerdem den Nachteil, dass die Wohnungen an den engsten Stellen der Windungen lange im Schatten liegen.

Nachfolgende Doppelseite: Auch beim Jüdischen Museum Berlin enthüllt sich die Konzeption des Architekten erst beim Blick aus der Vogelperspektive. Der zickzackförmige Grundriss des 2001 fertiggestellten Baus soll einen zerbrochenen Davidstern symbolisieren. Unter den durch moderne Gebäudetechnik kopflastigen Dächern verbergen sich Ausstellungen, die einen umfassenden Überblick über die jüdische Kultur und die jüdisch-deutsche Geschichte geben.

Schleswig-Holstein

Klein, aber fein ist das nördlichste Land unserer Republik – und enger als alle anderen Länder Deutschlands mit dem Meer verbunden. Gerade Letzteres macht das aus den früheren Herzogtümern Schleswig, Holstein, Lauenburg sowie der Hansestadt Lübeck entstandene Bundesland für Urlauber so anziehend.

Genau genommen grenzt Schleswig-Holstein an zwei Meere, die Nordsee und die Ostsee, beides Randmeere des Atlantiks, doch grundverschieden. Während der Nordseeurlauber immer den Gezeitenplan im Kopf haben sollte, gibt es in der schleswig-holsteinischen Ostsee weder nennenswerte Ebbe noch Flut. Und so unterschiedlich wie die Meere sind die Küsten. Im Westen grenzen meist grasgrüne, tischebene Marschen, in denen behäbige Bauernhöfe unter knorrigen Bäumen Schutz vor dem Wind suchen, an das weltweit einzigartige Wattenmeer mit den darin eingestreuten Inseln und Halligen, im Osten findet man eine abwechslungsreiche, in Buchten und Förden gegliederte Steilküste mit vielen beschaulichen Hafenorten und den beiden einzigen Großstädten Schleswig-Holsteins: der Landeshauptstadt Kiel und Lübeck.

Abseits der Küsten präsentiert sich das von der Vogelfluglinie und dem rege befahrenen Nord-Ostsee-Kanal durchzogene Brückenland zwischen Mittel- und Nordeuropa in zwei großen Landschaftsgürteln sehr übersichtlich. Ungefähr bis zur Landesmitte reicht von der Ostsee her das von den Gletschern der jüngsten Eiszeit geformte Moränenhügelland, in dem über 300 Seen und wohl nicht weniger noble Herrenhäuser die Glanzpunkte der Natur- und Kulturlandschaft bilden. Vor dem Grenzsaum der eiszeitlichen Vergletscherung, beinahe bis auf den Meter genau, ändert sich das Landschaftsbild. In der unfruchtbaren, flachwelligen Geest sind Seen kaum noch zu finden, allenfalls ein paar Moore. Stattliche Gutshöfe werden von bescheidenen Katen abgelöst, und zum Bild der kleinen Dörfer gehören schlichte Feldsteinkirchen und die aus einem bunten Gemisch nordischer Findlinge an den Grundstücksgrenzen errichteten »Friesenwälle«.

Oben: Eine Seenplatte, bei der die schmalen Landbrücken zwischen den Gewässern kaum Platz für Straßen und Eisenbahnschienen bieten, rundherum Hügel aus Geröllen und Findlingen, die in der jüngsten Eiszeit von nordischen Gletschern ins Herz Schleswig-Holsteins nahe der alten Herzogsresidenz Plön verfrachtet worden waren.

Rechte Seite: Der rund 100 Kilometer lange Nord-Ostsee-Kanal ist die meistbefahrene künstliche Wasserstraße der Welt.
Nachfolgende Doppelseite: Von der Südspitze der Insel Sylt schweift der Blick nordwärts über Dünenlandschaften bis zum Horizont, wo sich am »Ellenbogen« bei List Deutschlands nördlichster Punkt befindet.

An der Westseite von Amrum, einer der drei großen Nordfriesischen Inseln, erstreckt sich ein wahres Sandmeer: der auf Höhe des Inselhafens Wittdün bei Ebbe fast zwei Kilometer breite Kniepsand. Nach Norden, zur Odde hin, wird er zwar schmaler, doch kein anderer Sandstrand an Deutschlands Küsten erreicht solche nahezu »wüstenhaften« Dimensionen.

»Dünenschutz ist Inselschutz!«, verkünden Schilder in den Dünenlandschaften der Nordfriesischen Inseln. Wie wahr, denn wer gedankenlos quer durch die Dünen trampelt, zerstört deren Pflanzendecke und schafft neue Angriffspunkte für den Wind – wie hier in den Dünenheiden zwischen dem Kniepsand und dem Leuchtturm auf der Großdüne bei Süddorf auf Amrum.

Nachfolgende Doppelseite: »Blanker Hans« nennen die Einheimischen an der Waterkant die Nordsee. Bei ruhigem Wetter und tief stehender Sonne verstehen auch »Landratten« aus dem Binnenland diesen Namen sofort, dann glänzt das Meer nämlich wie ein blank geputzter Spiegel.

Nordstrandischmoor, ein Überbleibsel der im 17. Jahrhundert durch eine schwere Sturmflut zerrissenen Insel Alt-Nordstrand, bietet heute aus der Luft ein ähnliches Bild wie andere Halligen: oben (im Westen) der historische Kern des Eilands mit den charakteristischen Warften, unten (im Osten) das geometrische Raster der an der Küste vielerorts zur Landgewinnung angelegten Lahnungsfelder.

Von oben nach unten: Ein geschlossener Kranz aus Buhnen mildert die Attacken der Nordsee auf die winzige Hallig Norderoog. Ein wenig Schutz vor Wind und Wellen bietet dem am seeseitigen Rand des Wattenmeeres gelegenen, nur etwa zehn Hektar großen Eiland außerdem der im Westen vorgelagerte Norderoogsand (im Hintergrund).
Ein Platz für naturverbundene Einsiedler: Süderoogsand, der größte der nordfriesischen Außensände, ist für Mensch und Natur bedeutend, vor allem als Brut- und Rastplatz für Seevögel.
Unser Land besitzt nur wenige nennenswerte Erdöllagerstätten, eine der größten liegt unter dem Grund der Nordsee, etwa sieben Kilometer vor der Spitze des Friedrichskoogs im südlichen Dithmarschen. Nach Ansicht aller beteiligten Konzerne geht keinerlei Gefahr von der Bohr- und Förderinsel Mittelplate aus. Denn sie ist wie eine riesige Wanne konstruiert und soll auf diese Weise fast völlig von der Nordsee abgeschottet sein.

Nachfolgende Doppelseite: Die Hallig Oland hat ihren ländlichen Charakter weitgehend verloren, doch ein wichtiges Element der Halligsiedlungen ist hier auf der Warft erhalten geblieben: die Erdgrube zum Sammeln von Regenwasser für das Vieh (Fething).

So schneeweiß wie hier in Dithmarschens Kögen – am Reißbrett geplante und in Jahrhunderten durch Landgewinnung und Eindeichung vom Menschen in mühseliger Arbeit geschaffene Landschaften – präsentiert sich die Nordseeküste unter ihrem normalerweise wintermilden Klima höchst selten. Nur in wenigen Wintern verschwindet der flache Marschenboden unter meterhohen Schneewehen.

Schleswig-Holstein besitzt nur wenige längere Flüsse, der bedeutendste ist die Eider. Einer ihrer beiden rechten Nebenarme, das kleine Flüsschen Sorge, entspringt unweit der Ostseeküste im Hügelland und nährt dann zusammen mit Eider und Treene ein ausgedehntes Feuchtgebiet im Herzen des Bundeslandes. Eine kurze Strecke der Sorge, die sogenannte Alte Sorge, ist als naturnaher Fluss mit vielen Schleifen erhalten geblieben.

Glücksburg im höchsten Norden Schleswig-Holsteins besitzt bis heute sein im 16. Jahrhundert im Stil der Renaissance errichtetes Wasserschloss, wohl das nördlichste Deutschlands, schlicht, aber edel, ein Juwel der Baukunst, das Herzögen und Königen als Residenz diente. Wie ein weißer Schwan treibt es unweit der Flensburger Förde im Schlossteich, der sich nahtlos in die natürliche Seenlandschaft einfügt.

Linke Seite: Das Umland der heute eher beschaulichen Kreisstadt Plön inmitten der Holsteinischen Schweiz ist ebenso reizvoll wie geologisch interessant. Beim Blick auf das Luftbild möchte man das Wörtchen »Umland« allerdings lieber durch den Begriff »Umsee« ersetzen – wenn es den gäbe. Denn Plön ist von eiszeitlichen und nacheiszeitlichen Seen in allen möglichen Varianten umschlossen umschlossen – vom Rinnensee über den Zungenbeckensee bis zum Toteistümpel.

Die Bombenangriffe des Zweiten Weltkriegs fügten Lübeck, der »Königin der Hanse« und Mutter vieler anderer Städte im Ostseeraum, schwere Schäden zu. Doch heute erstrahlt ihr von Kanälen und dem mittelalterlichen Mauerring umschlossener und als UNESCO-Weltkulturerbe anerkannter Stadtkern in neuem Glanze. Zahlreiche prachtvolle Backsteinbauten wie die gotische Marienkirche bestimmen das Stadtbild. Wahrzeichen ist jedoch das gewaltige Holstentor. Der aus Backsteinen errichtete Bau war ursprünglich ein Brückentor über die Trave.

Dort, wo die Trave in den innersten Zipfel der Lübecker Bucht mündet, liegt Lübeck-Travemünde, den einen bekannt als mondänes Seebad, den anderen durch den Skandinavienkai eher als Zwischenstation auf dem Weg nach und von Nordeuropa. Das Maritim-Hochhaus, unübersehbarer Blickfang, ist mit rund 120 Metern das höchste Gebäude Schleswig-Holsteins. Dagegen wirkt der gut 30 Meter hohe Leuchtturm wie ein Zwerg.

Nachfolgende Doppelseite: Helgoland, die einzige deutsche Insel, der das Prädikat »ozeanisch« gebührt. Der gut 50 Kilometer vor der Küste in der Deutschen Bucht gelegene Felsklotz aus rotem Buntsandstein verdankt seine Entstehung einem aufdringenden Salzstock. Die Düne, die kleinere Nebeninsel im Hintergrund, besteht dagegen aus Muschelkalk.

Von oben nach unten: die Halligen Oland, Gröde-Appelland und Habel, drei Eilande, die im Nordfriesischen Wattenmeer auf dem Rocheleysand eine breite Rinne im Watt säumen – und jedes ein Unikat. Die beiden Erstgenannten sind jeweils etwa 2,5 Quadratkilometer groß und ständig besiedelt – wenn man bei rund 30 beziehungsweise zehn Einwohnern schon von »Besiedlung« sprechen darf. Habel, die mit knapp sieben Hektar kleinste Hallig in dieser Region des Wattenmeers, hat nur eine Vogelschutzstation, die lediglich im Sommer von Rangern der Nationalparkverwaltung besetzt ist. Alle Bilder sind gewissermaßen Momentaufnahmen, denn durch Abtragung und Anlagerung ändern sich die Umrisse der Halligen ständig. So ist Gröde im Lauf der Zeit mit der kleineren Nachbarhallig Appelland zusammengewachsen, und Oland dehnt sich derzeit nach Nordosten aus.

Linke Seite: Abgesehen von der Tatsache, dass Nordstrandischmoor über einen Damm mit dem Festland verbunden ist, gehört das im Nordfriesischen Wattenmeer gelegene Eiland zu den typischen Halligen: mit einer von schweren Sturmfluten geprägten turbulenten Geschichte, weniger als zwei Dutzend ständigen Bewohnern, verteilt auf vier Warften, einer Zwergschule und einer Kneipe. Ungefähr 50-mal im Jahr melden die Insulaner bei Sturmfluten »Land unter!«

Mecklenburg-Vorpommern

Das Land zwischen den Elbauen und dem Oderhaff reicht nicht ganz so weit nach Norden wie sein unmittelbarer Nachbar Schleswig-Holstein. Dessen seit Jahrhunderten gebräuchlicher Wahlspruch »Up ewig ungedeelt« (»Auf ewig ungeteilt«) ist auch für das 1945 recht willkürlich aus Teilen der früheren preußischen Provinz Pommern und dem ehemaligen Freistaat Mecklenburg gebildete, dann in drei DDR-Bezirke zerstückelte und 1990 zum Bundesland vereinigte Staatswesen nur ein vages Versprechen für die Zukunft. Das Prädikat »nordisch« hingegen hat für diese beiden Länder durchaus seine Gültigkeit, weniger ihrer Lage als vor allem ihrer Landesnatur und Geschichte wegen.

Hier wie dort war der Einfluss der ehemaligen nordeuropäischen Großmächte Dänemark und Schweden prägend, und wohl stärker als in allen anderen Bundesländern haben die nordischen Gletscher in den jüngsten Eiszeiten das Landschaftsbild geformt, etwa die bucklige Welt der Mecklenburgischen Schweiz, deren Moränenhügel zwar gewiss nicht das Format der eidgenössischen Alpengipfel erreichen, landschaftlich aber nicht weniger reizvoll sind. Der Erosionsarbeit längst geschmolzener Gletscherzungen verdankt Mecklenburg-Vorpommern auch seine Seen, gut 2000 größere an der Zahl, die sich hauptsächlich in der Mecklenburgischen Seenplatte gruppieren und landesweit Kulissen für stattliche Schlösser, Herrenhäuser und schattige Alleenstraßen bilden.

Kein anderes deutsches Bundesland ist so dünn besiedelt; für mitteleuropäische Verhältnisse ist es beinahe menschenleer. Im Binnenland sind größere Städte neben der Landeshauptstadt Schwerin rar, dafür drängen sich an der Ostseeküste, der »Schaufensterseite« Mecklenburg-Vorpommerns, zwischen vielen kleinen Orten mit reetgedeckten Fischerkaten und den bei Urlaubern so beliebten, landestypischen »Seebrücken« gleich vier bedeutende Hansestädte, darunter Rostock, die einzige Großstadt des Bundeslandes. Vor allem ihre Prachtbauten der Backsteingotik locken die Gäste an. Und die äußerst vielgestaltige Küste mit ihren Kliffs, Stränden, Bodden, Haffs, Halbinseln und Inseln (von Poel im Westen über Rügen – die größte deutsche Insel – und Hiddensee bis hin zu Usedom im Osten) liegt hier immer gleich vor der Tür.

Oben: Natürlich durchziehen Alleenstraßen auch andere Bundesländer, aber wohl nirgends so viele und so schöne wie in Mecklenburg-Vorpommern. Hier ein winziger Streckenabschnitt bei Schwerin.

Rechte Seite: An der Nahtstelle zwischen dem Schweriner und dem Burgsee errichtet, war der Prachtbau einst Residenz der mecklenburgischen Herzöge. Heute tagt im Schweriner Schloss der Landtag.

Schwerin, Mecklenburg-Vorpommerns Landeshauptstadt – eine Stadt am und im Wasser. Hinter dem Residenzviertel erstrecken sich die im Kern mittelalterlichen Stadtviertel mit dem Backsteindom als herausragender Landmarke. Die im 12. Jahrhundert durch Heinrich den Löwen gegründete Stadt war die erste deutsche östlich der Elbe.

Prächtig geschmückte Giebelhäuser am Neuen Markt der Hansestadt Rostock und dahinter als architektonischer Höhepunkt die Marienkirche. Mit dem Bau der monumentalen Backsteinkirche wurde im 13. Jahrhundert begonnen, erst Ende des 18. Jahrhunderts war sie vollendet. Unverkennbar hatte das im Inneren reich mit Kunstwerken aller Epochen ausgestattete Gotteshaus die Lübecker Marienkirche als Vorbild. Selbst war es Vorbild für andere Kirchen in Mecklenburg-Vorpommern.

Breite, feinsandige Strände sind an der deutschen Ostseeküste selten. Das Ostseebad Warnemünde an der Mündung der Warnow, ehemals ein Fischerdorf, besitzt den breitesten und ist daher für Rostocker bei jedem Wetter ein beliebtes Naherholungsziel. Sandnachschub von Kliffs vor Bad Doberan im Westen und Graal-Müritz im Osten sorgt dafür, dass der Strand weiterhin rund 150 Meter breit bleiben wird.

»Das süße Ländchen« Hiddensee erinnert in seinen Umrissen ein wenig an ein Seepferdchen: im Norden (am unteren Bildrand) als Kopf das hügelige Dornbusch-Massiv, das nach Süden hin in einen lang gezogenen Schwanz mit einer schnurgeraden Seeseite mit hohen Kliffs und einer in viele Buchten und Landzungen gegliederten, der großen Schwesterinsel Rügen zugewandten Boddenseite übergeht – und schließlich irgendwo im Dunst verschwindet.

Der Alte Markt ist die gute Stube der Hansestadt am Strelasund, die man auf dem Weg zur Insel Rügen gewöhnlich nur passiert, wiewohl sie einen längeren Besuch durchaus lohnt. Rund tausend historische Gebäude besitzt Stralsund, der Großteil sorgfältig restauriert. Der Alte Markt bietet eine kleine Auswahl der architektonischen Kostbarkeiten, vor allem das Rathaus und die Nikolaikirche, beides Meisterwerke der norddeutschen Backsteingotik.

Mit ihrem Landschaftsquartett aus eiszeitlichen Moränenhügeln, nacheiszeitlichen Bodden, Feuersteinstränden und Kreideklippen ist Deutschlands größte Insel sicherlich auch die geologisch abwechslungsreichste. Auf Rügen (hier von der Südostecke her gesehen) locken darüber hinaus Seebäder, von familiär bis mondän, Schlösser, prähistorische Denkmäler und viele verträumte Dörfer nicht nur den Geologen an.

Von oben nach unten: Rügen gliedert sich in der Aufsicht in mehrere Halbinseln, die oft an Kaps schroff zur See abfallen und durch weite Buchten (Wieks) voneinander getrennt werden. Eines der markantesten Kaps ist das Nordperd bei Göhren, wo das Kliff 15 bis 20 Meter hoch ist. Rügens (und Deutschlands) »Nordostpol« befindet sich nahe Kap Arkona. Nirgendwo ist der Seeweg nach Schweden, Russland und dem Baltikum kürzer als hier – ideal für den aufstrebenden Fährhafen Sassnitz am Rand des Nationalparks Jasmund.

An der den Stürmen besonders stark ausgesetzten Nordostflanke der Halbinsel Jasmund stürzen die kreideweißen Klippen an der Stubbenkammer tief zum grauen oder türkisblauen Meer ab – eines der eindrucksvollsten Landschaftsbilder Deutschlands.

Wie ein natürlicher Wellenbrecher liegt die Insel Hiddensee vor der Boddenküste und schützt auch die Nachbarinsel Rügen vor der Gewalt der Brandung. Dieser Wellenbrecher erleidet jedoch an der Westseite ständig Landverluste. Strömungen verfrachten die erodierte Erde vor allem südwärts und bilden dort den Gellen, eine flache, sandige Landzunge, die als bedeutendes Brut- und Rastgebiet der Seevögel unter strengem Naturschutz steht.

Linke Seite: Im äußersten Südwesten reicht Mecklenburg-Vorpommern bis an die Elbe. Gemächlich schlängelt sich der Fluss dort nahe der alten Festungsstadt Dömitz durch sein breites Urstromtal zwischen dem niedersächsischen Wendland (links) und der »Griesen Gegend« Mecklenburgs (rechts). Am rechten Ufer mündet hier die kanalisierte Müritz-Elde-Wasserstraße ein.

In den Bodden der deutschen Ostseeküste sind viele kleine und größere Eilande verstreut – hier die Insel Koos im Greifswalder Bodden. Die Inseln sind meist Überbleibsel von Moränenrücken innerhalb der »ertrunkenen Moränenlandschaft«.

»Kleines Meer« bedeutet der slawische Name der Müritz. Und in der Tat verbindet Norddeutschlands größten See manche Eigenart mit dem Meer, zum Beispiel die breiten, durch Riffe gegliederten Brandungsplattformen am Ostufer.

Ein Fluss, in diesem Fall die Elde, erspart mitunter aufwendige Befestigungsanlagen. Wie bei der Burg von Neustadt-Glewe, einem der besterhaltenen mittelalterlichen Wehrbauten Mecklenburg-Vorpommerns. Sie beherrscht bis heute das Bild des um die Mitte des 13. Jahrhunderts durch die Schweriner Grafen gegründeten malerischen Städtchens.

Von Natur aus bringen die sandigen Böden rund um Ludwigslust, ehemals Residenzstadt der Herzöge von Mecklenburg-Schwerin, keine hohen Ernteerträge hervor. Bei ausreichender Düngung und Bewässerung gedeiht Raps aber gut und verwandelt im Frühjahr die Landschaft in ein goldgelbes Blütenmeer. Rapsöl gilt inzwischen als das »Olivenöl des Nordens«.

Nachfolgende Doppelseite: Land Art – zu den Vermächtnissen der Landwirtschaftlichen Produktionsgenossenschaften (LPGs) gehört die für deutsche Verhältnisse ungewöhnliche Größe der Betriebe mit viel Platz, sich auch spielerisch auszutoben. Typisch norddeutsch und ökologisch wertvoller sind jedoch die Reste einzelner Knicks (Wallhecken), welche die ausgeräumte Agrarlandschaft ein wenig beleben.

HAMBURG

Bereits durch ihren offiziellen Titel hebt sich die an Elbe, Alster und Bille gelegene, mit rund 1,8 Millionen Einwohnern zweitgrößte Stadt Deutschlands – und einer der drei bundesdeutschen Stadtstaaten – von den übrigen Groß- und Millionenstädten der Republik ab. Er lautet »Freie und Hansestadt Hamburg«. Daraus sprechen ein ausgeprägter Freiheitsdrang, hanseatischer Geist und – damit untrennbar verknüpft – Weltoffenheit der Bürgerschaft. Dass Hamburg zur europäischen Elite der Weltstädte gehört, mag der eine oder andere Zeitgenosse bezweifeln, auch wenn die im 9. Jahrhundert aus dem fränkischen Kastell Hammaburg entstandene »Welthafenstadt« bei uns allgemein als »Tor zur Welt« gilt. Von der Nordsee als einem der äußersten Zipfel eines Weltmeeres liegt sie (abgesehen von ein paar winzigen Inseln und einem Stück Wattenmeer in hamburgischem Besitz) freilich gut 100 Kilometer elbaufwärts entfernt.

Riesengroße Hafen- und Industriestädte haben nur selten einmal ein reizvolles Stadtbild und eine einladende Atmosphäre. Hamburg, der mit Abstand führende deutsche Seehafen, gehört zu den bemerkenswerten Ausnahmen. Dabei ziehen weniger kunsthistorisch bedeutende Bauwerke wie die barocke Sankt-Michaelis-Kirche, der »Michel« – weithin sichtbares Wahrzeichen der Elbmetropole –, die Besucher in Scharen an als vielmehr das bunte Mosaik sehr gegensätzlicher Stadtviertel (Blankenese, Speicherstadt, Finkenwerder, St. Pauli, die wohlhabenden »Walddörfer« am Stadtrand ...) und berühmte Flaniermeilen (Jungfernstieg, Colonnaden, Palmaille ...). Eine Hafenrundfahrt ist ebenso ein Muss wie der frühsonntägliche Bummel über den Fischmarkt oder ein Abend in einem der Musicaltheater. Hamburg ist eine ungemein lebendige Millionenstadt. Und eine Stadt, die nach Niedersachsen und Schleswig-Holstein hin nahtlos in die herbe Geest und in die Obstmarschen des Alten Landes an der Elbe – im Frühjahr ein Blütenmeer – übergeht. Gleich dahinter, in den Harburger Bergen, einem alten, durch zahlreiche Kerbtälchen wild zergliederten Moränenrücken, hat das Bundesland fast gebirgigen Charakter – zumindest für norddeutsche Verhältnisse.

Oben: Container, wohin man schaut. Obwohl die natürlichen Bedingungen nicht gerade günstig sind, hat sich Hamburg zu einem der führenden Seehäfen der Welt entwickelt. In Hamburg wird in knapp 10 Millionen Containern pro Jahr nahezu jede Art von Ware aus aller Herren Länder umgeschlagen. Der offene Tidehafen ist zu einem Fünftel Freihafen und wird mit einer Fläche von gut 7000 Hektar innerhalb Europas nur noch vom Rotterdamer und Antwerpener Hafen übertrumpft.

Rechte Seite: Auf ihre bürgerliche Unabhängigkeit legen die Hanseaten größten Wert. Dennoch könnte man das jüngste Hamburger Rathaus, einen Prachtbau im Stil der Renaissance, für eine Fürstenresidenz halten.
Nachfolgende Doppelseite: Die Insel Neuwerk im Wattenmeer gehört schon seit dem Mittelalter als Exklave zur Hansestadt Hamburg, genauso wie die benachbarten Eilande Scharhörn und Nigehörn. Der 1299 auf Neuwerk errichtete Leuchtturm ist Hamburgs ältestes Bauwerk.

Hamburger Sparkasse

Eine der unbestrittenen Touristenattraktionen und von je her ein Verkehrsknotenpunkt der Hansestadt sind die Landungsbrücken im Stadtteil St. Pauli. Das markante Abfertigungsgebäude wurde aus Tuffsteinen errichtet und bietet mehrfache repräsentative Zugänge zu den vorgelagerten Schiffsanlegern. Am Ostende des Gebäudes befindet sich der markante Pegelturm. Er ist nicht nur elbseits Wasserstandsanzeiger, sondern dient auch als Glockenturm.

Im Süden der Hamburger Innenstadt, an der Grenze zum Hafengelände, entsteht derzeit die HafenCity, das ehrgeizigste Bauprojekt der Hansestadt. Gleich gegenüber erstreckt sich die historische Speicherstadt mit ihren imposanten, bis zu siebenstöckigen Ziegelbauten, die sich in geschlossener Front an den Fleeten (Kanälen) aufreihen. In der HafenCity treten bisher nur einzelne markante Gebäude hervor.

Nachfolgende Doppelseite: Hamburg ist eigentlich keine Stadt, sondern eine ausgedehnte Stadtlandschaft aus sieben Bezirken und über hundert Stadtteilen. Dabei liegt das historische Zentrum nahe der Einmündung der Alster in die Norderelbe. Dort wurde um 825 die Hammaburg erbaut, am Ende einer schmalen Geestzunge, die in die sumpfigen Niederungen zwischen den beiden Flüssen hineinragte.

Von den Deichkronen aus gesehen, erscheint das Wattenmeer (hier das hamburgische vor Cuxhaven) bei Niedrigwasser als eine unstrukturierte, morastige Ebene. Erst das Luftbild enthüllt die Details: die Sandbänke und Sandplaten, dazwischen in Stillwasserbereichen das Schlickwatt sowie das Geflecht von Prielen, Tiefs und anderen Wasserläufen. Und immer ist so ein Bild eine Momentaufnahme. Nach der nächsten Flut kann es deutlich anders aussehen.

Von oben nach unten: Pferden begegnet man auf dem Meeresgrund nur selten, im Duhner und Neuwerker Watt ist der Anblick jedoch beinahe alltäglich: beim Ausritt durch den Nationalpark Hamburgisches Wattenmeer, bei Kutsch- und Schlittenfahrten, manchmal sogar bei Galopprennen im Rhythmus der Gezeiten.
Das Watt zwischen dem niedersächsischen Festland und dem hamburgischen Eiland Neuwerk ist einer der beliebtesten Kitesurf-Spots an der Waterkant. In diesem Fall sorgen nicht ein oder zwei PS, sondern der frische Wind für die Fortbewegung.
Eine Wanderung von Cuxhaven-Sahlenburg durch das Sahlenburger Watt hinüber nach Neuwerk zählt zu den Klassikern unter den Wattwanderungen an der deutschen Nordseeküste. Für den Rückweg kann man den Wattwagen nehmen.

Linke Seite: Weltweit ist nur ein Rangierbahnhof größer als der von Maschen. Die 1977 eröffnete Anlage befindet sich zwar auf niedersächsischem Boden an der Hauptstrecke Hamburg–Hannover, ist jedoch als Drehscheibe für den nationalen und internationalen Eisenbahnverkehr und besonders für den Hafen der Hansestadt unverzichtbar. Weit über eine Million Güterwaggons werden hier pro Jahr rangiert.

Es gibt eigentlich kein Frachtgut, das im Hamburger Hafen nicht umgeschlagen wird. Im Unterschied zu auf bestimmte Güter spezialisierten Seehäfen macht seine breite Palette den Hamburger Hafen gegenüber Konjunkturschwankungen unempfindlicher. Ungefähr zwei Drittel des Umschlags entfallen auf Stückgut, fast ausschließlich in Containern.

Nachfolgende Doppelseite: Der Traum von einem eigenen Hafen im Meer ist für die Hanseaten an der Alster wohl ausgeträumt. Für den Tiefwasserhafen war hauptsächlich die Scharhörnplate, eine Sandbank an der Elbmündung, im Gespräch. Ihre zwei durch aufgespülten Sand erhöhten und befestigten runden Inseln (Scharhörn und Nigehörn) sind aus der Luft klar zu erkennen. Nur liegt das Gebiet mitten im Nationalpark Hamburgisches Wattenmeer …

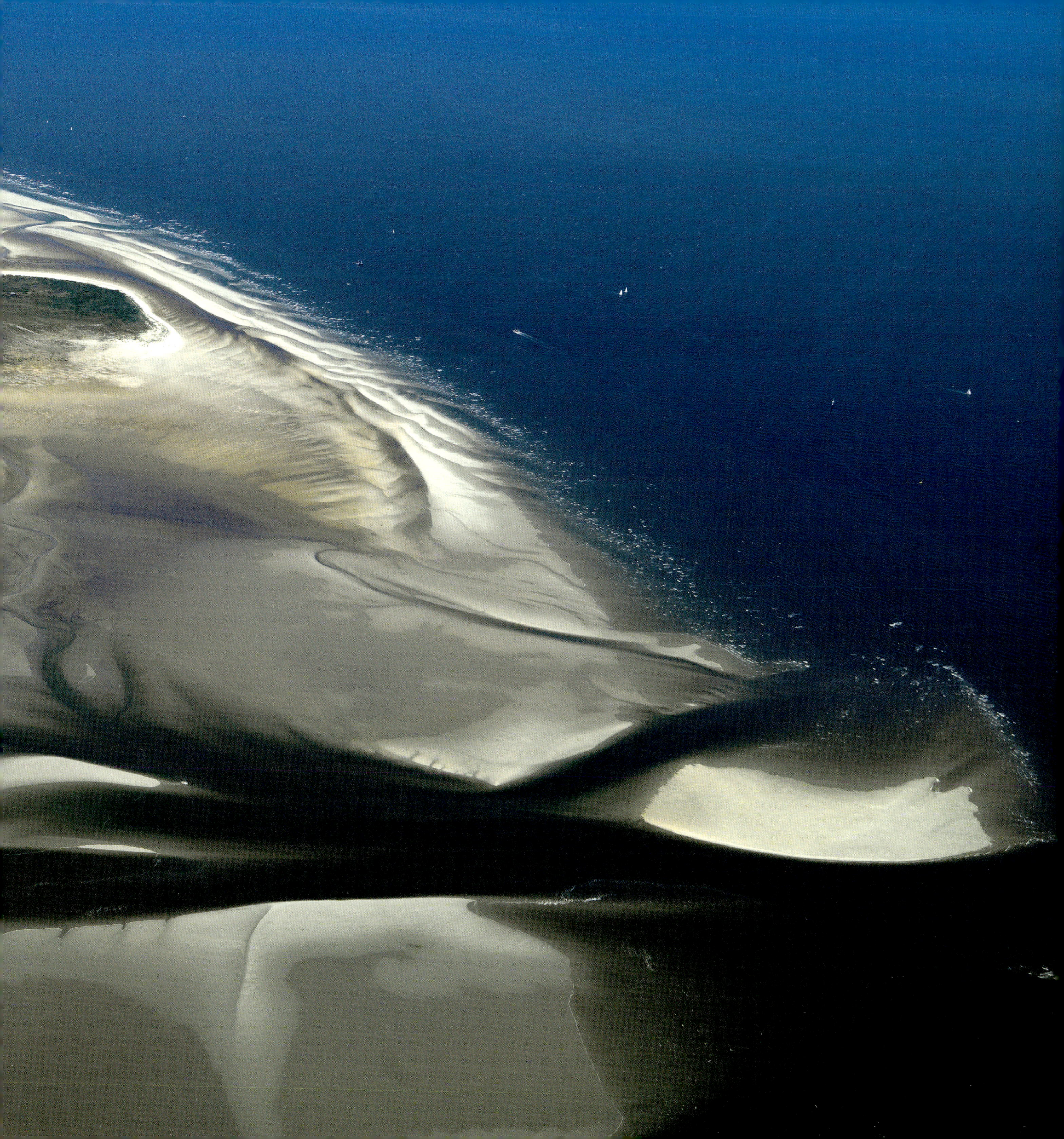

Niedersachsen

Das meist flache Land zwischen Ems und Elbe, das im Atlas wie eine in sich geschlossene, über Jahrhunderte hinweg gewachsene Raumeinheit wirkt, ist geschichtlich gesehen eher eine Mixtur verschiedenster Territorien, ein Ausschnitt aus dem politischen »Flickenteppich«, der seit jeher zu den Eigenarten unseres Landes gehört. Erst nach dem Zweiten Weltkrieg wurden die historischen Länder rund um die ehemalige preußische Provinz Hannover mit der heutigen Landeshauptstadt zu einem Staatswesen verschmolzen. Niedersachsen ist von der Fläche her das zweitgrößte deutsche Bundesland und könnte in dieser Hinsicht übrigens auch in der Weltrangliste einen respektablen Platz einnehmen, zum Beispiel vor Dänemark oder der Schweiz.

Deutschland lässt sich grob in vier Landschaftsgürtel gliedern: die Nord- und Ostseeküste, das angrenzende Norddeutsche Tiefland, die Mittelgebirge mit den darin eingelassenen Senken und schließlich die Alpen samt ihrem Vorland. Die meisten Bundesländer berühren nur ein oder zwei dieser großen Naturräume, Niedersachsen dagegen deckt beinahe das gesamte Spektrum ab – von den Ostfriesischen Inseln und Marschen bis zu den schon fast »subalpinen« Gipfeln im Oberharz, von der kargen Heide und den Mooren im Norden bis zu den Börden genannten fruchtbaren Niederungen im Süden.

Zu der abwechslungsreichen Landesnatur kommt ein kulturelles Mosaik, das nicht bunter sein könnte. Welches andere Bundesland vereint in seinen Grenzen schon so gegensätzliche ländliche Siedlungsformen wie die Wurtendörfer an der Küste, die Moorkolonien in der Moorgeest, die Rundlinge im Wendland oder – innerhalb der städtischen Architektur – Fachwerkkleinode wie Duderstadt, romanische Bauten von Weltrang in Hildesheim oder die Schlösser der Weserrenaissance, die, wie der Name sagt, sich vor allem entlang der Lebensader Niedersachsens aufreihen.

Oben: Die Flüsschen, die sich (wie hier bei Stade) durch die niedersächsische Geest und Marsch schlängeln, haben es in dem flachen Land und bei dem geringen Gefälle nicht eilig.

Rechte Seite: »Weißes Schloss am Meer« wird das historische Kurhaus der Nordseeinsel Juist auch genannt.
Nachfolgende Doppelseite: Sieben Inseln – von Borkum im Westen bis Wangerooge im Osten – säumen neben Sandbänken wie die Perlen einer Kette die ostfriesische Küste zwischen Emsmündung und Weser.

Wer zu Fuß auf den Feldwegen rund um diesen kleinen See südlich von Stade spaziert, ahnt kaum, was da im Wasser treibt: ungezählte Baumstämme. Hier hat keine Wasserhose von der Art der Tornados in einem Sumpfwald gewütet. Man hat vielmehr die Stämme absichtlich in das Nass befördert, um die Zersetzung des Holzes zu verlangsamen. Vielerorts werden Holzstapel auch ständig besprüht. Dies hat den gleichen Effekt.

Die Wasserburg Hinta, einer der wehrhaften Sitze ostfriesischer Häuptlinge, ist seit Jahrhunderten in Familienbesitz. Zu dem in Ostfriesland einmaligen architektonischen Ensemble gehört auch die Kirche aus dem 14. Jahrhundert (links im Bild).

Nachfolgende Doppelseite: Die Ostfriesischen Inseln sind Barriere-Inseln, die sich am seeseitigen Rand des Wattenmeeres aufreihen, und Juist (hier im Anflug von Osten gesehen) ist darunter ein Lehrbuchbeispiel: rechts ein breiter Strand an der Nordsee, in der Mitte der Dünenkern und links das von Prielen zerfurchte Inselwatt.

Das Leuchtfeuer Hohe Weg weist den Schiffen den Weg zwischen tückischen Riffen hindurch nach Bremerhaven, Bremen und weiteren Häfen an der Weser beziehungsweise in umgekehrter Richtung zum offenen Meer. Bei Flut steht der 1856 fertiggestellte Leuchtturm mit seinem Fuß vollständig im Wasser. Wie andere Leuchtfeuer ist Hohe Weg heute normalerweise unbesetzt und wird von Land aus gesteuert.

Im Allgemeinen sind Seehunde notorische Einzelgänger, in Ruhepausen und während der Paarungszeit treffen sie sich jedoch in gebührender Distanz an der deutschen Nordseeküste auf entlegenen Sandbänken (hier bei Borkum). Nach katastrophalen, durch Umweltgifte und Seuchen verursachten Verlusten haben sich ihre Bestände in der Deutschen Bucht inzwischen glücklicherweise wieder erholt.

Auch wenn es sich beim Alten Rathaus von Emden um eine Replik handelt – das Original wurde im Zweiten Weltkrieg zerstört –, ist das stattliche Bauwerk das Wahrzeichen der kulturellen und wirtschaftlichen Metropole Ostfrieslands geblieben. Davor liegt am Ratsdelft das Feuerschiff Deutsche Bucht (Baujahr 1917) vertäut.

Von oben nach unten: Gegenüber von Emden erstreckt sich an der Mündung der Ems der Dollart. Neben dem Jadebusen ist diese weite Meeresbucht die letzte an der ostfriesischen Nordseeküste, die nach den Meereseinbrüchen im Mittelalter noch nicht vollständig eingedeicht und landfest gemacht wurde.

Für die Seeschifffahrt hat der Dollart eine große Bedeutung, denn die Bucht wirkt wie ein riesiger Spülkasten, der bei Ebbe Sand- und Schlickmassen seewärts spült und auf diese Weise das Emder Fahrwasser freihält.

An der Menge des Güterumschlags gemessen, nimmt der Emder Hafen, der westlichste Seehafen Deutschlands, nur einen der hinteren Plätze ein; er hat sich auf die Verladung fabrikneuer Autos – vorrangig jener, die in der Stadt hergestellt werden – spezialisiert.

Das Alte Land (»Ole Land«) gegenüber von Hamburg. Woher die Landschaft in den Elbmarschen (hier bei York) ihren Namen hat, ist unklar – vielleicht von den Holländern, den Pionieren der Landgewinnung und Entwässerung. Sicher ist jedoch, dass das Alte Land das größte geschlossene Obstanbaugebiet Norddeutschlands bildet, vor allem für Äpfel und Kirschen. Unter dem relativ kühlen Klima des Nordens bleiben die Früchte von Schädlingen weitgehend verschont.

Rechte Seite: Die niedersächsische Landeshauptstadt Hannover bezeichnet sich selbst gern als »Großstadt im Grünen« – völlig zu Recht, denn die Metropole besitzt ungewöhnlich viele Parks und Gärten. Wohl am schönsten sind die weitläufigen Herrenhäuser Gärten, Musterbeispiele barocker Gartenkunst, die im 17. Jahrhundert geschaffen wurden, um die ehemalige Sommerresidenz der hannoverschen Herrscher zu zieren.

Genau dort, wo sich Fulda und Werra zur Weser vereinigen, liegt Hann. Münden, ein Fachwerkkleinod ersten Ranges und nach Ansicht des weit gereisten Alexander von Humboldt eine der sieben schönstgelegenen Städte der Welt. Welfenherzog Erich I. erhob sie zu seiner Residenz. Der Wanderarzt und Scharlatan Doktor Eisenbart trieb rund um die St. Blasii-Kirche mit einer oft rabiaten Therapie sein Unwesen – und treibt sie bis heute im Spiel weiter.

Akkurat ausgerichtet wie ein Bataillon im Gleichschritt ist diese wunderschöne Allee, die im nördlichen Harzvorland die nahezu waldlose Schöppenstedter Börde schnurgerade durchzieht. Ursprünglich dienten solche Baumstraßen auch vornehmlich militärischen Zwecken: Sie sollten den Marschkolonnen im Sommer Schutz vor der brennenden Sonne und im Winter vor dem eisigen Wind bieten.

Wie ein verzweigter Fjord erstreckt sich die Okertalsperre inmitten der Hochflächen und Bergwälder des Oberharzes. Sie speichert den kostbarsten Schatz des regen- und schneereichen Mittelgebirges: sauberes Wasser. Früher wurde es in den benachbarten Bergbaurevieren vor allem als Energiequelle genutzt, heute fließt es von den Oberharzer Stauseen durch Rohrleitungen weit hinaus zu den Dörfern und Städten im Vorland.

Bremen

Mit knapp 700 000 Einwohnern ist die in das Land Niedersachsen eingebettete Freie Hansestadt Bremen (amtlich: Land Freie Hansestadt Bremen) der kleinste bundesdeutsche Stadtstaat und das einzige Bundesland, das aus zwei räumlich weit voneinander entfernten städtischen Gemeinden besteht: Bremen als historischem Zentrum und dem rund 60 Kilometer weserabwärts gegründeten »Ableger« Bremerhaven. Vom Naturraum her erstreckt sich das Gebiet der beiden Städte fast ausschließlich in der von der Weser samt Nebenflüssen durchflossenen Marsch, hier und dort, unter anderem in der »Bremer Schweiz«, reicht es ein wenig in die niedersächsische Moorgeest hinein.

Als Handelsplatz und Hafen mit regen Beziehungen in alle Welt blickt Bremen auf eine über 1200-jährige Geschichte zurück. Das selbstbewusste Motto seiner Kaufleute und Reeder, »buten un binnen – wagen un winnen« (»draußen und drinnen – wagen und gewinnen«), verrät, dass die Hansestadt ihr Licht nicht unter den Scheffel stellt, so wenig wie der stolze Roland auf dem Marktplatz, ein unübersehbares Symbol der Stadtfreiheit.

Über ihren wirtschaftlichen Rang hinaus ist die Stadt, die einen Schlüssel im Wappen führt, ein erstklassiges kulturelles Zentrum für ganz Nordwestdeutschland und schmückt sich vor allem rund um den Marktplatz mit herausragenden Bauwerken und eindrucksvollen architektonischen Ensembles wie dem Rathaus und dem Dom, der Böttcherstraße und dem Schnoorviertel.

Eine moderate Küstenferne muss für einen Seehafen nicht zwangsläufig ein Nachteil sein, denn so ist er den Hauptmärkten im Binnenland näher. Nicht ohne Grund hat die noch weiter als Bremen von der Nordsee entfernte hanseatische Schwesterstadt Hamburg bisher auf einen Vorhafen verzichtet. Mit Bremerhaven besitzt Bremen seit Anfang des 19. Jahrhunderts einen solchen Vorposten, der sich prächtig zur einzigen Großstadt an der deutschen Nordseeküste entwickelt hat. Überseehandel und Fischerei sind heute allerdings nicht mehr die alleinigen Fundamente der »Seestadt«, wie sie sich selbst nennt. Auch Industrieunternehmen sowie maritime Forschungsinstitute und Museen haben die Vorzüge einer küstennahen Lage entdeckt.

Oben: Unzählige Container werden Jahr für Jahr in den Seehäfen an der deutschen Nordseeküste angelandet (wie hier in Bremerhaven). Von dort treten sie dann auf Schiene und Straße ihre Weiterreise zu den Bestimmungsorten an.

Rechte Seite: Viele alte deutsche Städte besitzen zwei Pole: einen weltlichen und einen geistigen. Doch nur selten einmal liegen sie so dicht beieinander wie im historischen Kern der Freien Hansestadt Bremen: das Rathaus und die Liebfrauenkirche

In der Rangliste der bevölkerungsreichsten Städte Deutschlands steht die Weserstadt an zehnter Stelle. Ihren Einwohnern bietet sie ein breitgefächertes Angebot verschiedenster Sportarten, das vom Formationstanzen bis zum Pferdesport reicht und natürlich auch den Fußball umfasst. Deutschlandweit bekannt ist in dieser Sparte vor allem Werder Bremen. Im Weserstadion trägt der Bundesligist seine Heimspiele aus, naturgemäß mit wechselndem Erfolg.

Bremens historische Keimzelle war ein Flugsandrücken, der sich am echten Weserufer ein paar Meter über den Spiegel des Stromes erhob. Dort begann die Karriere der Stadt Ende des 8. Jahrhunderts zunächst als Bischofssitz und geistiges Zentrum des Nordens. Mitte des 14. Jahrhunderts trat sie der Hanse bei und entwickelte sich rasch zu einem der bedeutendsten Seehäfen und Handelsplätze an der deutschen Nordseeküste.

Nachfolgende Doppelseite: Für eine knapp 200 Jahre alte Stadt hat das von einem weitsichtigen Bremer Bürgermeister gegründete Bremerhaven schon eine bewegte Geschichte hinter sich, war aber immer, mehr noch als die große Schwester stromaufwärts, eine echte Seestadt mit nur geringen Beziehungen zum niedersächsischen Hinterland, dafür jedoch mit globalen Interessen.

Auf drei Feldern gehört Bremerhaven zur Spitzengruppe der deutschen Häfen: als Fischereihafen, Autoverladungshafen und (hier zu sehen) Containerumschlagplatz. Gerade die Container, die in den letzten Jahrzehnten den Transport der Stückgutfracht revolutioniert haben, sind jedoch ein zweischneidiges Schwert. Sie ersparen viel Zeit, aber eben auch viel Arbeitskraft. Ein Kran erledigt jetzt die Arbeit, die früher Kolonnen von Hafenarbeitern ernährte.

Linke Seite: Der Weg von Bremen bis zur Trichtermündung der Weser ist noch weit und verläuft für Schiffe durch ein Fahrwasser, das immer wieder versandet. Erst Ende des 19. Jahrhunderts gelang es, das Problem der Versandung einigermaßen gut in den Griff zu bekommen. Allein auf Handel und Schifffahrt hat sich die Hansestadt noch nie verlassen können. Traditionell spielt auch die Verarbeitung der Güter, zum Beispiel in Kaffeeröstereien, eine wichtige Rolle.

Brandenburg

Vom Namen her könnte man das Land im Nordosten der Republik, zwischen Elbe und Oder, für einen unserer Stadtstaaten halten, es ist jedoch ein ausgesprochener Flächenstaat, sogar das größte Bundesland östlich der Werra. Mit der Stadt Brandenburg (an der Havel) verbinden das heute von Potsdam aus regierte »Land Brandenburg«, so die offizielle Bezeichnung, lediglich historische Wurzeln, und sein wahrer Mittelpunkt ist die Bundeshauptstadt Berlin, die als Enklave mittendrin liegt.

Unweit Rüdersdorf bei Berlin wurden die ersten verlässlichen Beweise für die Vergletscherung Norddeutschlands in der jüngsten Erdgeschichte gefunden, und bis heute ist Brandenburg ein riesiges Freilichtmuseum eiszeitlicher Landschaftsformen: von Urstromtälern, die das Land annähernd von Ost nach West durchziehen, kuppigen Moränenhügeln der »Landrücken«, zahlreichen eiszeitlichen Seen und Tümpeln (zu denen noch die durch den Braunkohlentagebau entstandenen künstlichen stehenden Gewässer kommen) und nicht zuletzt Sandern, die auf weiten Flächen den Boden und die Pflanzendecke der sprichwörtlich sandigen Mark Brandenburg bestimmen.

»Mark« bedeutet in diesem Fall »Grenzland«, und in dieses Gebiet jenseits der Elbe stießen deutschsprachige Siedler im Mittelalter im Zuge der Ostkolonisation vor. Sie verdrängten dabei die ursprünglich dort ansässigen slawischen Einwohner und eigneten sich im 12. Jahrhundert das spätere Kernland Preußens endgültig an. Spuren der slawischen Epoche sind noch vielerorts erhalten, zum Beispiel in den Orts- und Landschaftsnamen, von der Prignitz im Nordwesten bis zur Lausitz im Südosten. Dort gibt es bis heute eine kleine slawische Bevölkerungsgruppe mit eigener Sprache und Volkskultur, die Sorben. So gehört das Land Brandenburg zu den wenigen deutschen Bundesländern mit einer angestammten ethnischen Minderheit. Nur in Schleswig-Holstein werden seit jeher noch mehr Sprachen gesprochen.

Oben: Westlich von Senftenberg, im Revier Lauchhammer, liegt der inzwischen stillgelegte Tagebau Klettwitz. 40 Jahre lang (1951–1991) wurde hier auf 35 Quadratkilometer mit riesigen Schaufelradbaggern und Abraumbrücken Braunkohle gefördert. Jetzt steht die Sanierung des Tagebaus an.

Rechte Seite: Unmittelbar südlich von Cottbus erstreckt sich der ab Mitte des 19. Jahrhunderts durch Fürst Pückler-Muskau gestaltete Branitzer Park. Kernstück der weitläufigen Anlage bildet das um 1850 umgebaute Barockschloss, ehemals fürstliches Domizil. Anziehungspunkte sind auch die Kanäle, Teiche und Seen, die das Gelände durchziehen.

Als Hauptstadt des Landes Brandenburg setzt die Stadt an der hier zu Seen erweiterten Havel ihre Rolle als Sommerresidenz der preußischen Könige und deutschen Kaiser fort. Potsdam gehört zu den meistbesuchten Touristenzielen unseres Landes, vor allem wegen Sanssouci, dem »Versailles des Nordens«. Schloss Sanssouci und der Park gleichen Namens, der mit vielen weiteren sehenswerten Bauten geschmückt ist, wurden als Weltkulturerbe in die UNESCO-Liste aufgenommen.

Am Rand des Spreewaldes bei Krausnick ragt seit Ende 2000 ein gigantisches, 360 Meter langes, 210 Meter breites und gut 100 Meter hohes Gebäude empor. Ursprünglich war es als Werfthalle für den Bau des CargoLifters, eines Luftschiffs, errichtet worden. Wegen wirtschaftlicher Probleme konnten die ehrgeizigen Pläne allerdings nicht realisiert werden. Heute beherbergt das Gebäude ein tropisches Freizeitparadies.

Schloss Groß Leuthen, ein Schmuckstück der Niederlausitz. Die ältesten Teile des Schlosses am Ufer eines Sees im Spreewald wurden schon im Mittelalter errichtet, später kamen Bauten im Stil der Renaissance und des Historismus hinzu, wie der Treppenturm und der markante sechsgeschossige Wohnturm.

Erdöl und Erdgas muss Deutschland in riesigen Mengen einführen, mit einem fossilen Brennstoff ist unser Land dagegen reichlich gesegnet: mit Braunkohle, die vom äußersten Westen bis zum äußersten Osten in mehreren Revieren gefördert wird, hier in der Niederlausitz nordöstlich von Cottbus. Die riesigen Kühltürme markieren in der flachen Landschaft das Braunkohlekraftwerk Jänschwalde, mit 3000 Megawatt Leistung das zweitgrößte Deutschlands.

Rechte Seite: Das winzige Städtchen Lieberose liegt an einer für Brandenburg charakteristischen, in der jüngsten Eiszeit geformten Landschaftsgrenze: im Nordwesten die Endmoränenwälle mit darin eingestreuten Seen wie dem Schwielochsee; nach Süden anschließend die von den Gletscherschmelzwässern aufgeschütteten Sanderflächen, ein Ausschnitt der kargen, sandigen Mark, und im Südwesten die amphibische Welt des Spreewalds. Entsprechend abwechslungsreich sind Flora und Fauna, die Kiefernwälder und Sandheiden, Seeadler und Eisvogel umfassen.

Der Branitzer Park, ab 1845 durch die Pücklersche Fürstenfamilie und bedeutende Gartengestalter der Zeit nach dem Vorbild englischer Landschaftsgärten geplant und angelegt, steht auf der Rangliste deutscher Parks ganz oben. Als Grabstätten und Denkmale ließen die Herrschaften aus dem Bodenaushub für die Teiche Erdpyramiden aufschütten, die sich rund um das Schloss in dem großzügig bemessenen Areal verteilen.

Viele Seen zählen zum Landschaftsbild Brandenburgs, die meisten sind Überbleibsel der jüngsten Eiszeit. Eine glaziale Entstehungsweise könnte man für den Senftenberger See ebenso annehmen, doch das rund 1300 Hektar große Gewässer gehört zu einer anderen, in Brandenburg gleichfalls weitverbreiteten Gruppe. Es entstand in den 1960er- und 1970er-Jahren durch die Flutung eines ehemaligen Braunkohle-Tagebaus. Heute ist der See ein beliebtes Wassersportparadies und Angelrevier.

Nein, dies ist nicht der Grand Canyon, sondern der ehemalige Braunkohle-Tagebau Klettwitz zwischen Senftenberg und Finsterwalde, gut 20 Jahre nach Ende der Förderung. Die durch den Abbau geschlagenen Wunden in der Landschaft verheilen auf natürliche Weise nur sehr langsam. Die Rekultivierung ist sehr kostspielig und die vielerorts vorgenommene Flutung der Gruben nicht unproblematisch, weil es an den steilen Böschungen zu verheerenden Rutschungen kommen kann.

Manchmal haben die nirgendwo von den Bürgern geschätzten Truppenübungsplätze auch ihr Gutes, wie im 1996 ausgewiesenen Naturpark Niederlausitzer Heidelandschaft. Dank der nur sehr extensiven Nutzung durch die Militärs haben sich hier zum Beispiel im Zentrum des Parks ausgedehnte Heidegebiete erhalten. Eine Besonderheit ist außerdem der Prösaer Forst, einer der größten zusammenhängenden Traubeneichenwälder Deutschlands mit bis zu 300 Jahre alten Bäumen.

Linke Seite: Eine sehr seltene Art und Weise, sogenannte Abbaufolgelandschaften gewinnbringend zu vermarkten, wurde und wird im Niederlausitzer Braunkohlerevier unweit Senftenberg durch den Betrieb einer modernen Motorsportanlage versucht. Auf gut Neudeutsch heißt der Lausitzring, wo seit 2000 die Motoren dröhnen, EuroSpeedway Lausitz. Im festländischen Europa ist diese Hochgeschwindigkeitsstrecke einzigartig, allerdings bisher ohne den erwarteten wirtschaftlichen Erfolg.

Sachsen-Anhalt

Drei Bundesländer verbindet ihr Name mit dem germanischen Volk der Sachsen, das in der Frühzeit der deutschen Geschichte von Karl dem Großen in blutigen Kriegen unterworfen und mit brutaler Gewalt zum Christentum bekehrt wurde. Einer dieser »Sachsen-Staaten«, von der Fläche her der zweitgrößte, nach der Einwohnerzahl der kleinste, erstreckt sich beiderseits der Elbe und Saale vom Nord-deutschen Tiefland südwärts bis weit in die Mittelgebirge hinein. Seine Hauptstadt ist Magdeburg. Zu den größten Städten gehören außerdem Dessau und Halle (Saale), beide ehemals prächtige Residenzen.

Rund 240 Kilometer Luftlinie trennen den Nord- vom Südpol Sachsen-Anhalts, die Elbauen von den Ufern der Weißen Elster. Auf dieser Strecke berührt das Land die kargen Geestlandschaften der Altmark, die Magdeburger Börde mit ihren ertragreichen Böden (hierzulande für die Landwirtschaft das Nonplusultra), ausgedehnte Moore wie den Drömling, das Weinbaugebiet an Saale und Unstrut, den Harz, das früher an Erzen reiche Waldgebirge, das im höchsten deutschen Berg nördlich der Mainlinie gipfelt, dem sagenumwobenen Brocken.

Ein Land, das Bodenschätze jeder Art besaß und zum Teil bis heute besitzt und das von der Landesnatur her so viel Abwechslung bietet, bringt in der Regel auch höchst abwechslungsreiche Kulturlandschaften hervor. Der Harz beispielsweise glänzt in den ehemaligen Bergbaurevieren mit einzigartigen Denkmälern früher Industriekultur; an den Gebirgsrändern schmiegen sich malerische Fachwerkstädte und -dörfer in die Täler. Sachsen-Anhalts zweifellos bedeutendste Bauwerke reihen sich an der »Straße der Romanik« auf, Dome und Dorfkirchen, stumme Zeugen einer Epoche, in der gerade in diesem Teil unseres Landes das Heilige Römische Reich Deutscher Nation allmählich Gestalt annahm.

Oben: In den fruchtbaren Börden ist die Versuchung groß, das Land bis zum letzten Quadratmeter für den Anbau zu nutzen. Oft bleibt nur noch an den Flüssen ein Streifen mit naturnaher Vegetation erhalten, wie hier an der Ehle im Jerichower Land.

Rechte Seite: Das mehr als 1200-jährige Magdeburg ging mehrfach in Schutt und Asche unter und blühte dann wieder auf. Gut 50 Jahre dauerten die Restaurierungsarbeiten an dem im Zweiten Weltkrieg schwer beschädigten Magdeburger Dom.

»Stadt der hundert Brücken« wird das Fachwerkstädtchen Kalbe treffend genannt. Es liegt innerhalb der weiten Flussniederung der Milde, die durch die Altmark fließt. Wahrzeichen der Stadt sind die Kirche St. Nicolai, ursprünglich eine romanische Feldsteinbasilika aus dem 12. Jahrhundert, und die Ruine der im Dreißigjährigen Krieg geschleiften Wasserburg.

Eine Burg wie aus dem Bilderbuch, wehrhaft und zweckmäßig, ohne überflüssigen Zierrat – so präsentiert sich die Westerburg im äußersten Westen Sachsen-Anhalts. Der wohl schon in fränkischer Zeit an einem Weg durch die damalige Sumpfwildnis des Großen Bruchs im nördlichen Harzvorland gegründete Bau gilt als älteste noch erhaltene Wasserburg Deutschlands. Nun dient er als romantisches Hotel.

Linke Seite: Durch den früheren Kupferschieferabbau kam die malerische Stadt Eisleben zu Wohlstand, weltberühmt wurde sie jedoch als Geburts- und Sterbeort des Reformators Martin Luther. Ihm zu Ehren trägt sie den Beinamen »Lutherstadt« und ist gemeinsam mit Wittenberg in der UNESCO-Liste des Weltkulturerbes verzeichnet. In Bronze gegossen steht Martin Luther seit seinem 400. Geburtstag auf dem Marktplatz vor dem gotischen Rathaus und in der Nähe der St.-Andreas-Kirche.

Nur aus der Vogelperspektive erkennt man, woher die Grüne Zitadelle in Magdeburg ihren Namen hat: Das Dach ist überwiegend mit Gras bewachsen, einige Bäume wurzeln auch darauf – oder an den Fassaden. Zwei Innenhöfe mit andalusisch-maurischem Flair laden zum Verweilen. Das bizarre Gebäude entstand nach der Wende als eines der letzten Projekte des österreichischen Künstlers Friedensreich Hundertwasser.

Gewöhnlich queren Brücken Flüsse und Kanäle, machen den Weg für den Straßen- und Schienenverkehr frei. Nur sehr selten werden umgekehrt Brücken für die Schifffahrt errichtet, wie diese imposante Trogbrücke im Elbetal bei Magdeburg. Sie gehört wie die Schleusen und Schiffshebewerke zu einem komplizierten System von Wasserstraßen, das als Magdeburger Wasserstraßenkreuz bezeichnet wird.

Bei Burg, nahe der Mündung der Havel in die Elbe, fühlt sich der Flieger schon ein wenig in die Marschen am Unterlauf des Stromes versetzt. Östlich (rechts) der Elbe erstreckt sich eine ausgedehnte Niederung, die von der Havel teils in natürlichen, teils in vom Menschen geschaffenen Flussbetten durchflossen wird. Bei schweren Elbhochwässern dient dieses Feuchtgebiet zur Entlastung der Deiche als Polder (Überschwemmungsgebiet).

Im Osten des Landes gehen in Sachsen-Anhalt etwa auf halber Strecke zwischen Magdeburg und Dessau die Börden und Elbauen nahtlos in die Altmoränenlandschaften des Fläming über. Der von den Gletschern älterer Eiszeiten geformte Höhenrücken ist größtenteils bewaldet und nur sehr dünn besiedelt – so dünn, dass sich hin und wieder Wölfe in die mitteleuropäische Landschaft hineinwagen.

Fachwerkbauten sind bei uns vor allem in den Landschaften zu finden, in denen der Mensch schon seit Urzeiten siedelt, und die ihr natürliches Waldkleid früh verloren haben – wie im Winkel zwischen Elbauen, Fläming und Dübener Heide. Das Dörfchen Klieken besitzt mit seiner barocken Fachwerkkirche aus dem 17. Jahrhundert ein besonders schönes Exemplar, hier in der im Osten häufigen Schwarz-Weiß-Variante. Der Turm, der ein wenig an eine Pagode erinnert, ist eine Zutat aus dem späten 18. Jahrhundert.

Quedlinburg: eine Stadt und ein Stadtbild wie unter der Lupe der deutschen Geschichte. Ob hier, wie es die Legende erzählt, der Sachsenherzog Heinrich beim Vogelfang anno 919 die Nachricht von seiner Wahl zum ersten deutschen König erhielt, ist umstritten. Zweifellos war die Stadt an der Bode im Mittelalter jedoch ein geistig-politisches Zentrum erster Klasse und später eine wohlhabende Hansestadt, was viele bedeutende Bauwerke belegen. Vor allem als Schatzkammer der Fachwerkarchitektur ist Quedlinburg in Deutschland unübertroffen.

Als weithin sichtbares Wahrzeichen und Klassiker unter den Bauten des norddeutschen Historismus thront das neugotische Schloss Wernigerode auf dem Schlossberg. Rund 1000 Meter höher ragt der Brocken, der eigentliche Hausberg der »bunten Stadt« auf. Und viel sehenswerter als das Erbe der Feudalzeit sind die bürgerlichen, bunten Fachwerkbauten in der historischen Altstadt, allen voran das Rathaus.

Nachfolgende Doppelseite: Schwindelfrei sollte man schon sein, um den Blick von der Staumauer der Rappbode-Talsperre im Ostharz genießen zu können. Immerhin ist sie mit gut 100 Metern die höchste Deutschlands. Die 1959 eröffnete Talsperre erfüllt gleich mehrere Aufgaben: Hochwasserschutz, Trinkwasserspeicherung und nicht zuletzt Gewinnung erneuerbarer Energie. In diesem Fall auch durch einen »Stausee auf dem Berg« (links) mit angeschlossenem Pumpspeicher-Kraftwerk.

SACHSEN

Ein »Elbeland« (analog zum »Rheinland«) gibt es zwischen Nordsee und Alpen nicht, wenigstens nicht auf der Ebene der deutschen Bundesländer. Dabei ist die Labe/Elbe, die Sachsen von der Landesgrenze im Süden bis stromabwärts von Torgau durchquert, genauso eine Lebensader Mitteleuropas und in der jüngsten Zeit auch »Schicksalsstrom« der Deutschen wie der Rhein. Am Elbufer liegt die Landeshauptstadt Dresden, das viel gepriesene »Elbflorenz« und eine weltberühmte Porzellanstadt als Zentrum der Markgrafschaft Meißen, mit der man die Geschichte des heutigen Sachsen im frühen 10. Jahrhundert beginnen lassen könnte. Von dieser Grafschaft führte der verschlungene, steinige Weg (oft unter der Herrschaft der Wettiner, des sächsischen Adelsgeschlechts schlechthin) zum Kurfürstentum, Königreich, Bundesstaat der Weimarer Republik ... und 1990 wieder zum Freistaat Sachsen

Als Pendant zu Niedersachsen, dem ersten sächsischen Kernland, wird für das zweite gelegentlich auch ein Name verwendet, den die Landesnatur buchstabiert hat. In der Tat nehmen in Obersachsen Hügel und Mittelgebirge einen viel größeren Raum ein als in Niedersachsen. Mit mehr als 1200 Metern Gipfelhöhe gehören zum Beispiel die höchsten Berge im Erzgebirge einer ganz anderen Klasse an als die Erhebungen im niedersächsischen Oberharz. Und für das Elbsandsteingebirge an der sächsisch-böhmischen Grenze wäre der Beiname »Sächsisches Colorado« viel passender als »Sächsische Schweiz«.

Dennoch hat flachwelliges Tiefland einen beachtlichen Anteil an der Landesfläche. Wie im äußersten Westen der Bundesrepublik dringt es hier durch weite Buchten in die Hügel- und Bergländer vor, am markantesten in der Leipziger Tieflandbucht. Leipzig, im Zentrum dieser landfesten Bucht gelegen und traditionell ein erstklassiger Messeort, ist die bevölkerungsreichste Stadt Sachsens, knapp gefolgt von Dresden, das die Rolle als Regierungssitz mit sächsischer Beharrlichkeit behauptet. Die dritte im Bunde der sächsischen Metropolen ist Chemnitz am Nordrand des Erzgebirges, eine der vielen Industriestädte des Landes.

Oben: Der Landkreis Mittweida erstreckt sich im Übergangsgebiet zwischen dem bewaldeten Erzgebirge und der Leipziger Tieflandsbucht, einer weitgehend „ausgeräumten" Agrarlandschaft. Dort sorgen wenigstens die schönen Alleen für ein bisschen schattiges Grün in der Landschaft.

Rechte Seite: Das Gotteshaus zwischen den Häuserzeilen, ist die Nikolaikirche, Leipzigs größter Sakralbau und eine bedeutende Stätte der jüngsten deutschen Geschichte: In den 1980er-Jahren wurden in der prachtvoll ausgestatteten Kirche die montäglichen Friedensgebete abgehalten. Sie lösten im Herbst 1989 die erste Montagsdemonstration aus.

Meißen ist weit mehr als eine weltberühmte Porzellanstadt. Die Stadt an der Elbe gilt vielmehr als die »Wiege Sachsens«, eine Rolle, die sie mit einer atemberaubenden Silhouette unterstreicht. Daraus ragt der Burgberg mit der Albrechtsburg, in der 1710 die Staatliche Porzellan-Manufaktur gegründet wurde, dem Dom und dem ehemaligen Bischofsschloss hervor.

Rechte Seite: In Deutschland gibt es Dutzende von Bismarcktürmen, aber der in Radebeul steht genau am richtigen Standort. Ist doch bekannt, dass Fürst Otto von Bismarck den Wein sehr schätzte, und dieser Turm wurde inmitten von Weinbergen errichtet. Zu den Rebsorten, die hier traditionell kultiviert werden, gehört neben Traminer und Kerner unter anderem der Riesling, von dem der Reichskanzler besonders angetan war.

Eine einzige Bombennacht im Februar 1945 genügte, um Deutschlands bedeutendsten protestantischen Kirchenbau in Schutt und Asche zu legen. Nach der Wende dauerte es viele Jahre, bis die Frauenkirche zu Dresden wieder fast vollständig in altem Glanz erstrahlte. Wahrzeichen des barocken Zentralbaus sind die hohe, von einer Laterne gekrönte Kuppel und die dunkel getönten Sandsteinquader im Mauerwerk. Sie sollen als Relikte des zerstörten Gotteshauses an das Inferno erinnern.

Linke Seite: Mit einem Schloss allein begnügte sich der deutsche Hochadel gewöhnlich nicht. Vielmehr war die Hauptresidenz oft von einem Kranz kleinerer, nicht weniger nobler Schlösser für bestimmte Zwecke umschlossen. Bei Dresden, der Residenz der Albertiner, gehört dazu vor allem das elbabwärts in einem Teichgebiet gelegene Barockschloss Moritzburg. Es diente den sächsischen Fürsten und Königen in erster Linie als standesgemäßes Quartier bei Jagdausflügen.

Wenn es das Qualitätsmerkmal »Kunstdenkmaldichte« gäbe, hätte das linke Elbufer in Dresden, genau im Scheitel einer Flussschleife und zwischen Theaterplatz und Schlossplatz, in Deutschland gewiss eine führende Position inne. Jeweils nur einen Steinwurf voneinander entfernt stehen hier nämlich die sowohl akustisch wie optisch überzeugende Semperoper, die Hofkirche als größte Kirche Sachsens und das ehemalige Residenzschloss, mit dem die deutsche Renaissance eines ihrer Glanzlichter setzte.

Die sächsische Landeshauptstadt benötigt wegen ihrer Lage an der Elbe seit jeher dringend Brücken, hat jedoch mit Brückenbauwerken nicht immer eine glückliche Hand bewiesen. Mit der seit Jahren heftig umstrittenen Waldschlösschen-Brücke zum Beispiel könnte die auf den Tourismus angewiesene Stadt ihr blaues Wunder erleben – wohingegen das Ende des 19. Jahrhunderts fertiggestellte »Blaue Wunder«, die blau getönte Loschwitzer Brücke, ein anerkanntes Wahrzeichen der Ingenieurbaukunst in Deutschland und mittlerweile eine Touristenattraktion ist.

An der böhmisch-sächsischen Grenze durchbricht die Elbe stromaufwärts von Dresden in einem großartigen Canyon ein Gebirge, das in Mitteleuropa seinesgleichen sucht. Geografisch korrekt heißt es Elbsandsteingebirge, besser ist es jedoch als Sächsische Schweiz bekannt. Den geradezu exotischen Landschaftscharakter prägen dicke, stark zerklüftete Sandsteinschichten, aus denen Wasser und Wind auffällige Tafelberge und tiefe Schluchten herausgearbeitet haben.

Fast 200 Meter tief stürzt die Bastei (im Bild die für Touristen errichtete Basteibrücke) jäh vom Rand des Plateaus zum Spiegel der Elbe ab. Die bizarre Felsformation bietet eine grandiose Aussicht und lockt damit schon seit Jahrhunderten schwindelfreie Schaulustige an.

Hoch über dem Scheitel einer Elbschleife wacht die einst böhmische Bergfestung Königstein – immer wieder belagert, doch nie eingenommen – über das Tal. Ihre militärische Bedeutung wird allerdings oft überschätzt, wichtiger war der schwer zugängliche Ort den Landesherren, um darin Schätze einzulagern oder unliebsame Untertanen wegzusperren.

Rechte Seite: Wie der Name verrät, war das Erzgebirge (hier im Quellgebiet der Flöha) einst ein blühendes Bergbaurevier. Doch die Lagerstätten sind erschöpft, lohnen den Abbau nicht mehr. Geblieben sind die vielfältige Kultur der Bergleute, zahlreiche Spuren des Abbaus und einzelne Mahnmale, die an die Glanzzeit erinnern sollen. Der Zahn der Zeit verschont freilich auch diese nicht.

GLUCK
AUF

Linke Seite: Ein tief in ein Waldgebirge eingekerbtes Flusstal, das an drei Seiten einen Felssporn umschließt; auf diesem Sporn ein stolzes, nahezu unversehrtes Schloss – wildromantisches Deutschland, wie man es nur selten sieht. Bei Lunzenau nordwestlich von Chemnitz darf man die grandiose Szene genießen. Dort hat die Zwickauer Mulde einen idealen Standort für die im 12. Jahrhundert gegründete Rochsburg geschaffen. Später wurde diese zu einem noblen Schloss ausgebaut, das als eines der bedeutendsten Beispiele der Renaissance-Architektur in Sachsen gilt.

Der betriebsamen Stadt im sächsischen Vogtland waren in den letzten Jahrhunderten gleich drei oder vier Blütezeiten beschieden. Zwei davon haben Zwickaus Altstadt besonders nachhaltig geprägt: das späte Mittelalter mit so herrlichen Bauten wie dem Gewandhaus und vielleicht noch mehr die »Gründerzeit«, das ausgehende 19. Jahrhundert, wie hier mit noblen Fabrikantenvillen und Kirchen in nostalgischem Stil.

Rund 26 Millionen Ziegelsteine wurden benötigt, um die Göltzschtalbrücke im sächsischen Vogtland zu errichten, dazu ungezählte Werksteine sowie einige Tausend Bäume für das Baugerüst. Das beeindruckende Bauwerk aus der Mitte des 19. Jahrhunderts gilt mit fast 80 Metern Höhe und 600 Metern Länge als die größte Ziegelbrücke der Welt.

Thüringen

An der Westgrenze des in DDR-Zeiten in drei Bezirke zerspaltenen, 1990 wiederbegründeten Freistaates verlief rund vier Jahrzehnte lang der Eiserne Vorhang, in den Kalibergwerken an der Werra als Absurdität des Kalten Krieges sogar unterirdisch. Die thüringische Landesgeschichte, die bis ins frühe Mittelalter zurückreicht, war auch schon davor mit etlichen Landesteilungen und -wiedervereinigungen sehr turbulent. Die Vielzahl der kleinen und kleinsten ehemaligen Residenzstädte gibt von dem verwirrenden Mosaik der historischen Länder einen Eindruck.

Thüringen schmückt sich gern mit dem Beinamen »Grünes Herz Deutschlands«, der allerdings ein falsches Bild von der Natur- und Kulturlandschaft vermittelt, es sei denn, man meint damit ein saat- oder grasgrünes Herz. Kernstück des Freistaats ist nämlich das fruchtbare, seit Urzeiten besiedelte Thüringer Becken. Nur hier und dort überragen einige bewaldete Bergrücken das Agrarland. Ausgedehnte Wälder, wie etwa der Hainich sowie vor allem der Thüringer Wald, der nahtlos in das Thüringer Schiefergebirge übergeht, sind, auch im wahrsten Sinn des Wortes, eher Randerscheinungen.

Ein charakteristisches, in dieser Form in anderen Bundesländern unbekanntes Element der Kulturlandschaft ist eine Städtekette, die im Grenzsaum zwischen dem Thüringer Becken und dem Thüringer Wald die größten und bedeutendsten Städte des Freistaates verbindet: von Eisenach und Gotha im Westen über die Landeshauptstadt Erfurt und die Kunstmetropole Weimar bis nach Jena und Gera im Osten. Natürlich stößt man beim Bummel durch die malerischen Städte auf die Spuren berühmter Landeskinder und zugereister Prominenter, die in Thüringen gewirkt haben. Die Liste liest sich wie ein Who's who der deutschen Kulturgeschichte: Luther, Bach, Goethe, Schiller ...

Oben: Ein paar Bäume an einem Bach (hier unweit Saalfeld) beleben nicht nur die Landschaft mit ihrem Grün, sondern verändern durch den Schatten auch die Ökologie des Gewässers.

Rechte Seite: In Gerstungen liegt die trutzige Katharinenkirche aus dem 16. Jahrhundert. Mitte des 18. Jahrhunderts erhielt das mit prachtvollen Emporen ausgestattete Gotteshaus den Fachwerk-Turmaufsatz.

Als »kleinstes deutsches Mittelgebirge« wird der Kyffhäuser zuweilen bezeichnet. In der Tat nimmt er nur ein kleines Areal ein und ist auch weniger als 500 Meter hoch. In der historischen Bedeutung und als Stätte von Sagen kann das Kammgebirge aber durchaus zum Beispiel mit dem benachbarten Harz wetteifern. Der Kyffhäuserburgberg mit dem Kyffhäuserdenkmal und den Ruinen der Reichsburg bildet südlich der fruchtbaren Goldenen Aue eine weithin sichtbare Landmarke.

Das Mainzer Rad im Wappen des Heilbades Heiligenstadt ist ein Sinnbild für die jahrhundertelange Verbundenheit des Städtchens im Obereichsfeld mit der Domstadt am Rhein. Viele Baudenkmäler erinnern ebenso daran, vor allem die Pfarrkirche St. Marien, die mit ihren beiden Türmen das Stadtbild der katholischen Exklave beherrscht. Gleich daneben steht die Totenkapelle St. Annen, ein interessanter gotischer Bau auf achteckigem Grundriss.

Die heutige Kurstadt im Thüringer Becken gehörte einst zu den reichsten Städten des Landes. Im historischen Kern von Bad Langensalza sind noch viele sehenswerte Gebäude aus der Glanzzeit erhalten wie hier die Marktkirche St. Bonifacii. Der gotische Bau wurde größtenteils aus einem besonderen Naturstein errichtet, der seit Jahrhunderten in der Umgebung der Stadt gewonnen wird: aus Travertin, als Langensalzaer Travertin weit über die Grenzen Thüringens hinaus bekannt.

Nicht groß, aber großzügig – der Markplatz der kleinen Stadt Eisenberg im östlichen Thüringen, etwa auf halber Strecke zwischen Jena und Gera. Die frühere Residenz des Herzogtums Sachsen-Eisenberg besitzt ein ansehnliches Schloss und die größte Barockkirche Thüringens. Besonders schön ist jedoch das architektonische Ensemble auf und am Marktplatz. Es umfasst unter anderem die Stadtkirche St. Peter und das Eisenberger Rathaus, ein Kleinod der Renaissance.

Zu DDR-Zeiten boomte das Revier Gera/Ronneburg. Unter maßgeblicher sowjetischer Beteiligung lieferten die hiesigen Uranerz-Lagerstätten, die zu den ergiebigsten in Europa zählen, zeitweise etwa ein Zehntel des weltweit gewonnenen Urans. Mit der Wende kam das abrupte Ende dieser »strahlenden« Epoche. Heute erinnern nur noch geflutete Tagebaue und inzwischen eingeebnete Abraumhalden daran.

Mit maximal etwa 1000 Meter über dem Meer gehört der Thüringer Wald (hier bei Bad Liebenstein) eher zur zweiten Liga der deutschen Mittelgebirge. Doch kein anderes setzt sich so eindrucksvoll in Szene wie der lang gestreckte Gebirgskamm, der im Nordwesten an der Werra beginnt und im Südosten nahtlos in das Thüringer Schiefergebirge übergeht. Am klarsten ist das Waldgebirge auf der geologischen Übersichtskarte als vorwiegend aus Gesteinen des Erdaltertums aufgebauter Sporn zu erkennen.

Linke Seite: Nicht weit vom berühmten Rennsteig im Thüringer Wald entfernt, wo Wanderer Energie auf angenehme Weise verschwenden, wurde 2003 das Pumpspeicherkraftwerk Goldisthal als Anlage zur Gewinnung erneuerbarer Energie in Betrieb genommen. Zu dem Wasserkraftwerk, dem leistungsstärksten in Deutschland, gehört das Oberbecken Goldisthal, ein massiver Eingriff in die Naturlandschaft, der hinter den Begriff »umweltfreundliche Energie« ein großes Fragezeichen setzt.

Die Saale ist gewissermaßen der blaue Faden, der sich durch Thüringen zieht. An beiden Ufern ist der Fluss von Burgen, Schlössern und Städten mit klangvollen Namen gesäumt. Unter den Burgen nimmt die bei Kahla auf einem markanten Bergkegel errichtete Leuchtenburg, die »Königin des Saaletals«, eine buchstäblich herausragende Stellung ein. In Chroniken des 13. Jahrhunderts taucht das Gemäuer erstmals auf. Eine nennenswerte militärische Rolle hat die Höhenburg freilich nur selten gespielt; jahrhundertelang diente sie als Zuchthaus.

Von oben nach unten: Das nördliche Vorland des Thüringer Waldes besitzt im Rundschloss und Rittergut Oberpöllnitz ein besonders bemerkenswertes Prachtstück, das allerdings nur knapp dem Abriss entging. Burg Haineck, eine Feste mit herbem Charme, könnte ebenso gut eine Höhe der schottischen Highlands zieren, steht jedoch, wie der Name verrät, in den dichten Buchenwäldern des Hainich über dem Werratal. Nicht weit von der Leuchtenburg entfernt, krönt die Burg Ranis einen von Höhlen durchlöcherten Felsen oberhalb des Städtchens Ranis. Im 12. Jahrhundert erstmals urkundlich erwähnt, hat die von einem hohen Bergfried überragte Burg ihr Bild im Lauf der Jahrhunderte weitgehend bewahrt.

Von Franken über das östliche Hessen bis weit nach Thüringen hinein zieht sich ein breiter Streifen mit vielfach hervorragend erhaltenen Wehrkirchen und -friedhöfen – ein Hinweis auf die kriegerischen Zeiten, die dieser Landstrich oft genug erlebt hat. In Unterkoskau, Ortsteil der Stadt Tanna nahe der sächsisch-thüringischen Grenze, konnte zur Not auch das Vieh im großzügig bemessenen Mauerring untergebracht werden.

Rechte Seite: Im Namen des westlich der Bleiloch-Talsperre gelegenen Dorfes Gahma sind die Wurzeln in slawischer Zeit deutlich zu erkennen. Über jene Zeit schweigen sich die Chroniken jedoch aus. Sicherer historischer Boden wird erst im 14. Jahrhundert erreicht. Vermutlich damals entstand um einen Vorgängerbau der heutigen Dorfkirche die wehrhafte, beinahe kreisrunde Friedhofsmauer. Mit Schießscharten und einem vorgelagerten Graben ausgestattet, konnte sie ein wenig Schutz vor Angreifern bieten.

Das Teichgebiet zwischen den Dörfern Dreba und Plothen wird gern auch »Land der tausend Teiche« oder »Seenplatte« genannt. Wie so oft in Gegenden, in denen sich zahlreiche Teiche auf engstem Raum scharen, hatten auch hier Mönche die Hand im Spiel. Sie legten im Mittelalter die Gewässer für die Zucht von Fischen, der vorgeschriebenen Fastenspeise, an. Heute ist das Teichgebiet (das größte zusammenhängende in Thüringen) Lebensraum für viele seltene Pflanzen und Tiere.

Der Thüringer Wald, an dem sich die von Westen herangetriebenen Wolken stauen, ist ein Regen- (und Schnee-)fänger ersten Ranges. Ein beachtlicher Teil des kostbaren Nasses wird in Talsperren gesammelt, wie der Bleiloch-Talsperre am Oberlauf der Saale. Dieser in den 1920er-und 1930er-Jahren angelegte Stausee ist vom Fassungsvermögen her der größte der gesamten Bundesrepublik – und darüber hinaus ein beliebtes Wassersportrevier.

HESSEN

Mitten drin: Deutschlands geographisches Zentrum hat sich inzwischen zwar vom Vogelsberg nach Nordosten verlagert, doch auch nach der Wende ist das Hessenland (zumindest in der Verkehrsgeographie) ein Dreh- und Angelpunkt der Republik geblieben, und ein echter Binnenstaat, der keinen unmittelbaren Zugang zum Weltmeer hat und von nicht weniger als sechs anderen Bundesländern umgeben wird – deutscher Rekord!

Viele der bekanntesten deutschen Märchen erzählte man sich zuerst in Hessen, nicht ohne Grund, denn hier gab es – und gibt es bis heute – ausgedehnte Wälder, in denen sich Hänsel und Gretel leicht verirren könnten, und bis knapp 1000 Meter hohe Berge, auf denen es Frau Holle mitunter kräftig schneien lässt. Die waldreichen Mittelgebirge – vom Reinhardswald im Norden bis zum Odenwald im Süden, vom Westerwald im Westen bis zum Seulingswald im Osten – nehmen allerdings nur einen verhältnismäßig kleinen Anteil der Landesfläche ein. Deutlich größer ist der Anteil Niederhessens mit seinen fruchtbaren, im Hochsommer getreidegelben und fachwerkbunten Niederungen. Eine davon, das Rhein-Main-Gebiet mit Frankfurt am Main als Hessens bevölkerungsreichster Stadt, hat ihren ländlichen Charakter allerdings längst verloren und sich in eine florierende Wirtschaftsregion verwandelt, die zum Beispiel Besucher aus Nordamerika mit einem ihnen vertrauten Bild begrüßt. In Wiesbaden, dessen Stadtkern vom Krieg einigermaßen verschont blieb, fühlen sie sich jedoch bald in die gemütliche Alte Welt versetzt.

Oberhalb der Hauptstadt des ältesten Bundeslandes unserer Republik, auf den Taunushöhen, verlief der Limes, die wohl bedeutendste historische Grenze zwischen Nordsee und Alpen; der Main gilt als eine Art kulinarischer Äquator; eine nationale Wasserscheide (die zwischen Rhein und Weser) verläuft quer durch Hessen, und der Eiserne Vorhang aus der Ära des Kalten Krieges ist als Grünes Band im Osten bis heute in der Landschaft zu erkennen. Hinzu kommen diverse andere sichtbare und unsichtbare Grenzen, etwa konfessionelle, geologische und sprachliche, die das Land der Chatten zwischen der Oberweser und dem unteren Neckar zerschneiden.

Oben: In der mit fruchtbaren Böden und einem milden Klima gesegneten Wetterau gedeihen auch Blumen prächtig, vor allem im »Rosendorf« Steinfurth bei Bad Nauheim. Wie der Beiname verrät, ist das Dorf seit über 150 Jahren ein Zentrum des Rosenanbaus und der Rosenzucht in Deutschland.

Rechte Seite: Die Sababurg, ein Dornröschenschloss abgeschieden von der Welt in einem ausgedehnten Waldgebiet gelegen, von urigen Bäumen umschlossen, das bestens in ein Märchen passen würde. Die Wirklichkeit ist freilich recht profan: Die alte »Zappenburg« sollte einfach nur einen Wallfahrtsort im Reinhardswald schützen.

Der weiße Berg, der beim osthessischen Heringen über dem Werratal aufragt, besteht fast ausschließlich aus Steinsalz, das in großen Mengen als Abraum in den Kalibergwerken der Region anfällt. Die Einheimischen nennen die imposante Abraumhalde »Monte Kali« oder auch »Kalimandscharo«. Seit Beginn der Aufschüttung vor fast 40 Jahren ist sie auf eine Höhe von mehr als 500 Metern über dem Meeresspiegel angewachsen, und Jahr für Jahr wird sie ein Stückchen höher.

Rechte Seite: Im Herkules besitzt die nordhessische Metropole Kassel ein weithin sichtbares Wahrzeichen. Aus Kupfer geformt und auf das solide Fundament des achteckigen Riesenschlosses mit Pyramide gesetzt, ziert der Supermann der Antike seit 1717 den Bergpark Wilhelmshöhe an der Ostflanke des Habichtswalds. Das von Kupferpatina überzogene Standbild misst gut 8 Meter, der Unterbau, an den sich hangabwärts eindrucksvolle Kaskaden anschließen, rund 60 Meter.

Zum Trio vereint stehen die drei schönsten Bauwerke von Alsfeld, seine »Perlen«, am Markt der malerischen Stadt an der Schwalm: gleich im Vordergrund das herrliche Rathaus mit steinernen Arkaden im Erdgeschoss und einem Fachwerkaufbau; links davon ist der gestaffelte Sandsteingiebel des ebenfalls im 16. Jahrhundert errichteten Weinhauses zu erkennen; wehrhaft ragt hinter dem Rathaus die im Kern gotische Walpurgiskirche auf.

Linke Seite: Von der feurigen Vergangenheit des größten geschlossenen Vulkangebiets Mitteleuropas ist nichts mehr zu sehen. Heute ist der Vogelsberg ein eher sanftes, von Wäldern und Weiden bedecktes Mittelgebirge, das im 764 Meter hohen Hoherodskopf als zweithöchstem Punkt und sportlichem Höhepunkt gipfelt. Die silberne Schlange, die sich den Hang im Vordergrund hinabschlängelt, ist eine Sommerrodelbahn.

Die Stadt an der Dill schmiegt sich an den Schlossberg, auf dem im Mittel-alter die Dillenburg und später ein Residenzschloss erbaut wurden. Davon sind nur die mächtigen Grundmauern und ausgedehnten Kasematten erhalten. 1872 bis 1875, zur Amtszeit Kaiser Wilhelms I., errichtete man auf dem Plateau den Wilhelmsturm. Der romantische Turm erinnert freilich nicht an den deutschen Kaiser, sondern an Wilhelm I. von Oranien, den Stammvater des niederländischen Königshauses, der 1533 in Dillenburg zur Welt kam.

Die Fulda, die ab Bad Hersfeld schiffbar ist, war bis zum Bau der Eisenbahnlinien eine nicht unbedeutende Wasserstraße. Heute gilt sie etwa ab Bebra als Bundeswasserstraße. Wenige Kilometer flussaufwärts quert ein Wehr bei Mecklar die Fulda, staut sie auf den für die Energiegewinnung notwendigen Pegelstand und die erforderliche Fallhöhe auf.

Büdingen am Rand der Wetterau hat sich sein altertümliches Bild bis in unsere Zeit hinein bewahrt und damit auch die zwei oder drei Pole einer alten deutschen Stadt: den bürgerlichen (unter anderem mit den stattlichen Wohnhäusern am Marktplatz), den feudalen (mit dem aus einer Burg hervorgegangenen Schloss der Fürsten zu Ysenburg) und schließlich den klerikalen (mit der spätgotischen Stadtkirche).

Hessen besitzt kaum mehr als eine Handvoll natürlicher Seen. Die meisten sind durch den Abbau von Kies und Sand oder hinter Staumauern entstanden. Für Badelustige und Wassersportler spielt die Entstehungsweise indes überhaupt keine Rolle. Sie genießen das Nass, und wenn das Wetter nicht den Erwartungen entspricht, wird mit tropischen Accessoires nach-geholfen – wie hier am Strand eines früheren Baggersees im hessischen Rodgau bei Dieburg.

Manhattan liegt jenseits des Atlantiks in New York City, »Mainhattan« dagegen überwiegend auf der rechten Seite des Mains in Frankfurt, der größten Stadt Hessens. Das Wortspiel spielt auf die für deutsche Verhältnisse von ungewöhnlich vielen Wolkenkratzern geprägte Skyline an. Mit Rekordhöhen um 250 Meter sind diese Hochhäuser von ihren transatlantischen oder gar transpazifischen Vettern allerdings weit entfernt, und sie »kratzen« viel häufiger als die Wolken die Dunstglocke über Frankfurt an.

Entlang des Obergermanisch-Rätischen Limes findet man in Hessen zahlreiche Spuren aus der Römerzeit. Wohl am eindrucksvollsten ist das rekonstruierte Kastell Saalburg oberhalb von Bad Homburg (eigentlich Bad Homburg vor der Höhe) auf einem Kamm der »Höhe«, des Taunus. In dieser Form bestand das aus Steinen errichtete Kastell bis zum Fall des Limes um das Jahr 260 n. Chr., beherbergte römische Fußsoldaten und Reiter. Dann verschärften sich die Angriffe der Germanen, und das Kastell wurde ohne größeren Widerstand geräumt.

Für ihr Alter von wohl fast tausend Jahren ist die auf dem Breuberg im Odenwaldkreis erbaute Burg erstaunlich gut erhalten, vielleicht weil sie früher ständig an den jeweiligen Stand der Militärtechnik angepasst wurde. Der mächtige, 25 Meter hohe Bergfried ist zum Beispiel Teil des mittelalterlichen Baus, während der Zwinger und die vier Geschütztürme zu den Eigenarten der Renaissancefestungen gehören.

Linke Seite: Das Lautertal ist eines der Täler, die an der Bergstraße in die Oberrheinebene münden. Zur Kontrolle der wichtigen Straße, die durch das Tal führt, errichteten die Schenken von Erbach auf einer Bergnase über dem Dorf Schönberg bei Bensbach eine Burg. Sie wurde bei einer Fehde zerstört und anschließend als Schloss wieder aufgebaut. Schloss Schönberg wird heute als Bildungsstätte genutzt.

Nachfolgende Doppelseite: An der hessischen Bergstraße gedeihen Rebstöcke und viele exotische Pflanzen bestens. Oberhalb dieser sonnenverwöhnten Römerstraße kann man dagegen der Behauptung, der Name des Odenwaldes käme vom nordischen Gott Odin, an vielen Tagen des Jahres nur zustimmen. Regen, Schnee, Wolken, Wind und Nebel beherrschen hier oft genug das Wetter.

NORDRHEIN-WESTFALEN

Die meisten Länder der Bundesrepublik Deutschland sind vergleichsweise junge Staatsgebilde – freilich oft mit alten Wurzeln. So auch das bevölkerungsreichste und unter den Flächenstaaten am dichtesten besiedelte Bundesland mit seinen ungewöhnlich vielen Großstädten (rund 30). Landeshauptstadt ist Düsseldorf, einwohnerreichste Stadt und führende Kulturmetropole die alte Domstadt Köln. Der Landesname verrät die beiden wichtigsten historischen Bausteine, aus denen Nordrhein-Westfalen in den Jahren nach dem Zweiten Weltkrieg am grünen Tisch zusammengefügt wurde: den Nordteil der preußischen Rheinprovinz und die ebenfalls preußische Provinz Westfalen. Unerwähnt bleibt der frühere Freistaat Lippe-Detmold.

Wer genauer hinschaut, erkennt in diesem großzügig (und vor allem aus wirtschaftspolitischen Beweggründen) gezeichneten Muster eine Vielzahl alter rheinischer und westfälischer »Länder«, die ihren Namen bis heute tragen, zum Beispiel das Bergische Land, das Sauerland, das Münsterland und noch ein paar Dutzend weitere. Am einfachsten lässt sich durch die Landesnatur ein wenig Struktur in das verwirrende Klein-Klein bringen. Danach besteht Nordrhein-Westfalen zu etwa einem Drittel aus Gebirgen (in erster Linie dem Rheinischen Schiefergebirge) und zu zwei Dritteln aus Tiefland, das sich hier wie das Meer an der Küste durch Buchten in das Mittelgebirge vorschiebt. Die Westfälische Tieflandbucht und die Kölner Bucht sind im Atlas deutlich zu erkennen.

Am Rand der Westfälischen Bucht erstreckt sich eine Region, die einst als kraftvoller Motor den Aufstieg Deutschlands zur Wirtschaftsgroßmacht antrieb und bis heute für viele Bundesbürger als Kohlenpott (von rheinisch-westfälisch »pütt« = Bergwerksgrube) gleichbedeutend mit Nordrhein-Westfalen ist. Dabei ist die Rhein-Ruhr-Region – und war es auch schon lange vor dem schmerzhaft erlebten Strukturwandel – nur ein winziger Teil in einem eher ländlich geprägten Bundesstaat. Davon kann man sich zum Beispiel im Münsterland mit seinen prächtigen, vom Landadel geschaffenen Wasserschlössern und den für diesen Landesteil typischen Parklandschaften überzeugen.

Oben: Ungefähr an der deutsch-niederländischen Grenze gehen die Stromauen des Rheins stromabwärts nahtlos in die holländischen Flussmarschen über. Und zu deren Bild gehören die behäbigen Milchkühe, die nach dem Mahl gemütlich im Gras liegen.

Rechte Seite: Nur weinige moderne Zweckbauten trüben den historischen Kern der Bischofs- und Universitätsstadt Münster. Zwei Plätze stechen aus ihm hervor: der Domplatz mit dem Dom St. Paul, einer der größten Kirchen Westfalens und das gotische Rathaus am Prinzipalmarkt.

Das Ruhrgebiet wird von einem dichten Geflecht natürlicher und künstlicher Wasserläufe durchzogen. Obwohl die Höhenunterschiede in dem flachen Land nicht enorm sind, braucht es an manchen Stellen Schleusen und Hebewerke für die Binnenschifffahrt, wie das inzwischen stillgelegte Schiffshebewerk Henrichenburg in Waltrop – ein riesiger Fahrstuhl für Schiffe, der nur einen kleinen Elektromotor als Antrieb brauchte.

Linke Seite: Links des Niederrheins, beinahe schon in den Niederlanden, liegt das Wasserschloss Moyland, das »Schöne Land«, das Anfang des 14. Jahrhunderts erstmals in den Annalen auftaucht. Seine Baugeschichte ist so lang wie die Liste seiner Besitzer. Von der mittelalterlichen Wehranlage blieb kaum etwas erhalten, das heutige Schloss präsentiert sich äußerlich in den Formen der Neugotik – ein scharfer Kontrast zu den Kunstwerken, die es bewahrt. Sie stammen überwiegend aus der Hand eines Meisters der Avantgarde: Joseph Beuys.

Selbst bei mittlerer Wasserführung ist der Niederrhein (hier nahe Duisburg) für den Straßen- und Eisenbahnverkehr eine lästige Barriere, die nur mit aufwendigen Brückenbauten überwunden werden kann. Dafür haben die Schiffe auf dem bis über 400 Meter breiten Strom gewöhnlich freie Bahn. Viele steuern den Duisburger Hafen an, der, gemessen an den Dimensionen der Hafenanlage, der größte Binnenhafen der Welt ist.

In der Regel gelten ehemalige Abraumhalden in Bergbaurevieren als ein lästiges Erbe, dessen man sich möglichst schnell entledigen möchte. Die 126 Meter hohe Halde Haniel in Bottrop zeigt eine völlig andere Lösung: Sie wurde zu einer Kulturarena und religiösen Stätte umgestaltet. Auf dem Gipfelplateau befindet sich ein Amphitheater für 800 Besucher, an den Flanken verläuft ein Pilgerpfad mit Kreuzwegstationen.

Unter den Stätten des UNESCO-Weltkulturerbes findet man nur wenige technische. Ein Beispiel in Deutschland ist die 1986 als letztes Essener Bergwerk geschlossene Zeche Zollverein in der Ruhrmetropole. Sie soll allerdings nicht nur ein technisches Museum sein, sondern wird auch mit lebendiger Kultur erfüllt. So sind in der früheren Kokerei Werke der zeitgenössischen Kunst ausgestellt, und das ehemalige Kesselhaus beherbergt eine ständige Designausstellung.

Rechte Seite: Mit sozialem Wohnungsbau hat die auf einer Anhöhe oberhalb des Baldeneysees in Essen errichtete Villa Hügel absolut nichts zu tun. Die Industriellenfamilie Krupp, Mitglied des Geldadels und bekannt für den Bau von Werkswohnungen, schuf sich hier in den 1860er- und 1870er-Jahren vielmehr ein fürstliches Domizil. Heute kann man die Villa besichtigen – und sich in ihr verlaufen.

Ungefähr bei Kanal-Kilometer 17 des Rhein-Herne-Kanals entstand in den 1930er-Jahren der Stadthafen Essen. Er war und ist ein wichtiger Umschlagplatz im westlichen Ruhrgebiet. In den beiden Hafenbecken werden insbesondere Massengüter wie mineralische Brennstoffe, Steine und Erden sowie Eisen und Stahl umgeschlagen.

Rechte Seite: Das Deutsche Bergbau-Museum Bochum ist in Deutschland die erste Adresse für ausführliche Informationen über Bergbaugeschichte und -technik. Landmarke ist der rund 70 Meter hohe Förderturm, der früher zu einer Zeche in Dortmund gehörte. Er bietet einen ausgezeichneten Blick über das Freigelände des Museums und die Stadt. Tiefen Einblick in den Untergrund des Kohlenpotts gewährt ein Besucherbergwerk.

DEUTSCHES BERGBAU-MUSEUM

Im engen Tal der Wupper drängen sich die Häuser dicht aneinander. Mit Platzmangel hatte die Stadt im Bergischen Land schon immer zu kämpfen, so kamen die Stadtväter vor über hundert Jahren auf die clevere Idee, den Freiraum über dem Fluss durch ein inzwischen weltberühmtes Verkehrsmittel zu nutzen: die Wuppertaler Schwebebahn. Natürlich schwebt diese Bahn nicht, vielmehr hängt sie an einer Schiene. Und nicht nur im Kaiserwagen ist die Fahrt mit der 1900 eingeweihten Bahn ein kaiserliches Erlebnis.

Ein städtisches Ballungsgebiet und großes Industrierevier wie der Kohlenpott benötigt riesige Mengen Wasser, schon allein als Trinkwasser für seine zahlreichen Einwohner. Glücklicherweise fällt am Westrand des Rheinischen Schiefergebirges für deutsche Verhältnisse ungewöhnlich viel Regen und Schnee. Wasser ist also genügend vorhanden, es muss nur gespeichert werden, wie hier in der vergleichsweise kleinen Kerspetalsperre.

Fußball ist im Ruhrgebiet ein mit wahrer Inbrunst gepflegter Volkssport. Dazu sind selbstverständlich Stadien notwendig. Dortmund besitzt zum Beispiel das größte reinrassige Fußballstadion ganz Deutschlands. In der Arena, die rund 80 000 Besuchern Platz bietet, trägt der BVB (Ballspielverein Borussia) Dortmund seine Heimspiele aus. Darüber hinaus war und ist das Westfalenstadion (derzeit »Signal Iduna Park« genannt) immer wieder Spielstätte bei internationalen Wettbewerben.

In dem an Seen und Flüssen reichen Land sind Freizeitaktivitäten auf dem Wasser beliebt, etwa von den kreisförmigen Anlegestellen aus Kreuzfahrten mit dem Segelboot. Der Rursee im Nationalpark Eifel ist eine der größten Talsperren Deutschlands und zieht Jahr für Jahr Erholungssuchende in Scharen an. Viele kommen im Juli zum »Ruhrsee in Flammen«, wenn Lampions die Schiffe illuminieren und das Feuerwerk den See glitzern lässt.

Die Westfalen und die Münsterländer lieben Ausflüge auf den Pättkes, den schmalen Feldwegen ihrer Heimat, ob nun zu Fuß oder mit dem Fahrrad. Manch einer genießt auch die Wasserwanderungen in kleinen Gruppen wie hier in der Eifel inmitten von unberührter Waldlandschaft und faszinierender Wildnis. Wer einmal dort Wildkatzen oder den Schwarzstörchen begegnet ist, mag nicht glauben, dass er kaum eine Stunde von Köln entfernt ist.

Das Tiefland am Niederrhein gehört zu den am stärksten durch Erdbeben gefährdeten Zonen in Deutschland. Wer nun meint, auf dem Foto wären aktuelle Erdbebenschäden abgebildet, liegt falsch. Die im wahrsten Sinn des Wortes schräge Architektur der drei Gebäudekomplexe war genau so geplant. Die Annahme, dass sich auf dem Gelände des ehemaligen Zollhofes, im sogenannten Düsseldorfer Medienhafen, nur Unternehmen der Medienwirtschaft angesiedelt hätten, ist übrigens ebenso falsch.

Köln besitzt zahlreiche Sakralbauten, allein ein Dutzend große romanische Kirchen. Eine davon, Groß St. Martin, steht am Fischmarkt nicht weit vom Rheinufer entfernt. Die im 12. Jahrhundert auf römischen Fundamenten errichtete Basilika prägt mit dem hohen Vierungsturm und den vier Ecktürmchen die Silhouette der Kölner Altstadt. Ursprünglich war das Gotteshaus Stiftskirche einer Benediktinerabtei, nach einer längeren Unterbrechung wird es heute wieder als Klosterkirche genutzt.

Rechte Seite: Über 600 Jahre lang hat man am Dom St. Peter und Marien, dem bekanntesten Wahrzeichen des »Heiligen Köln«, gebaut und dabei eine gotische Kathedrale vom Feinsten geschaffen. Von außen betrachtet, beeindruckt das eine Zeit lang höchste Bauwerk der Welt durch seine gewaltigen Dimensionen, vor allem der beiden 157 Meter hohen Türme; im Innern sind die bunten Glasfenster, die Schreine, Kanzeln und Altäre eine Augenweide.

Marriott
DEVK

Zuerst zieht der wunderschön gestaltete Platz im historischen Kern der ehemaligen Festungs- und Residenzstadt Jülich die Blicke vom Himmel auf sich. Die Propsteipfarrkirche am Rand des Platzes wirkt dagegen in ihren schlichten romanischen Formen fast unscheinbar und kaum einladend, ist dagegen als über tausend Jahre altes Gotteshaus ein kostbares Kulturdenkmal.

Linke Seite: »Broich« bedeutet so viel wie »Bruch« oder »Sumpf« und bezeichnet damit ein Feuchtgebiet, in dem das Haus Broich bei Jülich auf einem kleinen Hügel zunächst nur als einfacher Turm errichtet wurde. Wann genau die Turmhügelburg gebaut wurde, ist unbekannt; Mitte des 14. Jahrhunderts wird sie erstmals urkundlich erwähnt. Das heutige Gebäude, ein reizender kleiner Backsteinbau, stammt aus der zweiten Hälfte des 17. Jahrhunderts.

Im Rheinischen Braunkohlerevier (und anderswo) kommt es hin und wieder vor, dass eine Gemeinde eines Tages von gefräßigen Baggern verschlungen und die Bevölkerung umgesiedelt wird – so zum Beispiel 1991 bis 2005 geschehen in Inden. Seither erstreckt sich hier ein riesiger Tagebau, der Braunkohle für ein Wärmekraftwerk liefert.

Der Aachener Dom (rechte Bildhälfte), auch Kaiserdom genannt, spiegelt mehr als ein Jahrtausend deutscher Geschichte wider. Ab 793 wurde die in das heutige Münster eingebettete Pfalzkapelle errichtet, 814 fand die Beisetzung Karls des Großen in eben diesem achteckigen Bau statt, 936 die Krönung Ottos I. ... Zu Recht wurde der über die Jahrhunderte wie ein Baum gewachsene Aachener Dom als erstes Bauwerk auf deutschem Boden in die UNESCO-Liste des Weltkulturerbes aufgenommen.

In den Umrissen erinnert das Siebengebirge über dem rechten Ufer des Rheins noch an seinen Ursprung als Vulkanmassiv. Die Feuerberge waren vor Jahrmillionen im älteren Tertiär aktiv, mit letzten Eruptionen im jüngeren Tertiär, die den Petersberg im Vordergrund schufen. Der ebenso geschichtsträchtige wie aussichtsreiche Gipfel war und ist ein idealer Ort für ein Grandhotel und das Gästehaus der Bundesregierung.

Im Unterschied zu anderen Bundesländern mit zum Teil ausgedehnten Seenplatten gibt es in Nordrhein-Westfalen allenfalls eine Handvoll größerer natürlicher Seen. Umso häufiger sind Stauseen zu finden, hier der in den 1950er- und 1960er-Jahren abgedämmte Biggesee, einer der größten Stauseen Deutschlands. Er schlägt mehrere Fliegen auf einen Streich: Hochwasserschutz, Wasserspeicherung, Energiegewinnung ...

Rechte Seite: Anfangs war der fjordartige Hennesee ein Fass ohne Boden, denn durch Schächte und Klüfte im verkarsteten Untergrund verlor der See mehr Wasser als ihm aus dem Sauerland zufloss. Der Untergrund der erneuerten Talsperre ist mittlerweile abgedichtet, und die Wassersportler müssen daher nicht befürchten, eines Tages auf dem Trockenen zu sitzen.

Rheinland-Pfalz

Zwar teilt sich Deutschland den Rhein mit drei weiteren Anrainerstaaten, die Deutschen jedoch haben zur Lebensader Mitteleuropas offenbar ein besonders inniges Verhältnis. Für sie ist der Strom der ehrfurchtsvoll verehrte »Vater Rhein«. Überraschenderweise hat er sich trotzdem nur bei zwei von insgesamt 16 Bundesländern im Landesnamen verewigt. Auf Rheinland-Pfalz passt der Name »Rheinland« wohl am besten, denn das 1946 aus der bayerischen Pfalz sowie mehreren anderen historischen Ländern geschaffene Bundesland begleitet sowohl den Ober- als auch den Mittelrhein und umfasst darüber hinaus mit der Mosel einen der wichtigsten Nebenflüsse.

Die Mosel schlängelt sich in einem tief eingekerbten Tal ebenso wie der Rhein durch das Rheinische Schiefergebirge, das den größten Teil der Landesfläche einnimmt und zu den Rändern hin durch Hügelländer und Becken in die Ebenen am Rhein übergeht. Wie im rechtsrheinischen Westerwald, über dem oft ein viel besungener kalter Wind weht, herrscht in den Mittelgebirgen ein raues Klima, während in den tieferen Lagen und besonders an den steilen Sonnenseiten der Täler die Weinreben ein warmes Klima mit fast mediterranen Temperaturen genießen dürfen. In keinem anderen Bundesland sind die Klimagegensätze auf engstem Raum markanter, und in keinem anderen Bundesland wird auf einer größeren Fläche Weinbau betrieben als in Rheinland-Pfalz.

Selten hat die städtische Kultur zwischen Nordsee und Alpen so tiefe Wurzeln wie im Land am Rhein. Die Geschichte von Mainz, der Landeshauptstadt und größten Stadt in Rheinland-Pfalz, reicht bis in die Zeit um Christi Geburt zurück. Trier, einst größte Stadt nördlich der Alpen, mag ein paar Jahre älter sein. Offiziell gilt Worms als älteste Stadt des Landes. Wahrscheinlich errichteten dort die Kelten bereits in der frühen Bronzezeit eine städtische Siedlung, also lange vor den Römern. Die Burgunder machten die Stadt am linken Ufer des Oberrheins zu ihrer Hauptstadt, die Hunnen zerstörten sie.

Rechte Seite: Auf einer Felsklippe im Tal der Elz, die in die Mosel mündet, wurde im 12. Jahrhundert die Burg Eltz erbaut. In der himmelstrebenden Höhenburg vereinigen sich mehrere Gebäude zu einem in unserem an Burgen gewiss nicht armen Land einzigartigen architektonischen Ensemble, das würdig ist, Geldscheine oder Briefmarken zu zieren. Erstaunlich gut hat das schiefergraue Gemäuer die Jahrhunderte überstanden, teils wegen seiner abgeschiedenen Lage, teils wegen der klugen Politik der Burgherren.

Oben: Straßenbrücken, die von einem Ufer zum anderen des Flusses führen, sind am Unterlauf der Mosel rar. Eine davon quert beim Winzerort Löf den kanalisierten Fluss.

Für viele Grand-Prix-Piloten ist der Nürburgring in der Eifel wegen seiner landschaftlich reizvollen Umgebung und der behutsam an die Landschaft angepassten abwechslungsreichen Streckenführung mit berühmt-berüchtigten Kurven und Kehren die schönste und anspruchsvollste Rennstrecke der Welt.

Vor ungefähr 13 000 Jahren, gegen Ende der jüngsten Eiszeit, sprengten gewaltige Vulkaneruptionen einen großen Kessel in den Boden der Eifel. In dieser Caldera sammelte sich später Wasser zum Laacher See, dem größten natürlichen stehenden Gewässer in Rheinland-Pfalz. Noch heute perlt das Wasser an manchen Stellen durch aufsteigendes Kohlendioxid wie Sprudel – ein Hinweis darauf, dass der Laacher Vulkan noch nicht vollständig erloschen ist.

Rechte Seite: Am »See« (nichts anderes bedeutet das Wörtchen »Laach«) erbauten Benediktinermönche im Hochmittelalter die Abtei Maria Laach. Die Abteikirche zählt mit ihren sechs Türmen, dem kunstvollen Portal und Kreuzgang zu den wertvollsten Bauten der Romanik in Deutschland, wiewohl fast jede Generation der Ordensbrüder dem Bau und der Ausstattung des Gotteshauses neue Elemente hinzufügte.

Schiefergedeckte Amts- und Patrizierhäuser säumen den Marktplatz der im Mittelalter als Rheinhafen und Umschlagsplatz florierenden Stadt Andernach am linken Ufer des Stroms. Große Teile der Stadtbefestigungen, zum Beispiel der Runde Turm und das Rheintor, sowie der Mariendom und weitere Sakralbauten sind aus dieser Epoche erhalten. Die historischen Wurzeln der Stadt reichen allerdings bis in die Römerzeit zurück. Andernach gehört zu den ältesten Städten Deutschlands.

Die Genovevaburg im Vordergrund und die Pfarrkirche St. Clemens dahinter sind beide gleichberechtigte Wahrzeichen der Stadt Mayen am östlichen Rand der Vulkaneifel. Während die Burg durch ihren hohen, von Zinnen gekrönten Bergfried besticht, wurde die Kirche durch einen Bauschaden zum Blickfang. Spannungen im Gebälk führten dazu, dass sich eine Turmspitze spiralförmig verdrehte – ähnlich wie beim Westerturm im fernen Duderstadt.

Bei der Weinbaugemeinde Lehmen trennen die Mosel nur noch wenige Kilometer von ihrer Mündung in den Rhein am Deutschen Eck in Koblenz. Tief hat sich der inzwischen durch Staustufen gebändigte Fluss in die Hochflächen des Rheinischen Schiefergebirges eingeschnitten und dabei Steilhänge geschaffen, die, sofern sie nach Süden bis Südwesten ausgerichtet sind, wie riesige Sonnenkollektoren wirken und besonders gehaltvolle Weine hervorbringen. An den kühleren Schattenhängen gedeihen hingegen urwüchsige Niederwälder.

Mit den kleinen Nagern hat der auf einer Insel im Rhein erbaute Binger Mäuseturm wohl nichts zu tun, wahrscheinlich eher mit Mäusen im umgangssprachlichen Sinn: mit Geld. Jahrhundertelang wurde nämlich an dem Wachtturm von den Rheinschiffern ein kräftiger Wegzoll kassiert. Nach Abschaffung der Mautpflicht (1868) diente der Turm noch eine Zeit lang als preußische Grenzmarke und Signalturm im berühmt-berüchtigten Binger Loch.

In kaum einer anderen Gegend unseres Landes gibt es auf so engem Raum so viele Burgen und Burgruinen wie am Mittelrheintal zwischen Bingen und Koblenz. Die meisten drängen sich an den Felshängen über dem Strom, andere wachen über die Hochflächen zwischen Rhein, Mosel und Soonwald. Dazu gehört die Anfang des 13. Jahrhunderts auf dem Burgberg von Kastellaun an der Kreuzung wichtiger Heer- und Handelsstraßen errichtete Feste. Heute dient das graue Gemäuer im Sommer als Freilichtbühne.

Exakt auf dem 50. Breitenkreis nördlicher Breite und gleich gegenüber der hessischen Landeshauptstadt Wiesbaden breitet sich das uralte Mainz, heute Regierungssitz und größte Stadt von Rheinland-Pfalz, am linken Ufer des Rheins aus. Im Häusermeer zieht der sechstürmige Dom St. Martin und St. Stephan in rötlichen Sandsteinfarbtönen die Blicke auf sich. Von der Romanik über die Gotik und das Barock bis zur Neoromanik vereinigt das Gotteshaus verschiedene Baustile harmonisch in sich.

Rechte Seite: Die mehr als 2000 Jahre alte Augusta Treverorum besitzt zahlreiche steinerne Zeugen aus der Römerzeit, darunter als bekanntesten die Porta Nigra. Etwa ein Jahrtausend nach dem Bau dieses mächtigen Stadttors der römischen Stadtbefestigung entstand der Trierer Dom, die älteste Bischofskirche unseres Landes. In ihrer heutigen Gestalt ist die Kathedrale im Wesentlichen ein Werk der Romanik, steht aber auf den Resten einer römischen Kirche.

Unter den vielen Burgen und Burgruinen, die das UNESCO-Welterbe Oberes Mittelrheintal zieren, ist die Burg Pfalzgrafenstein bei Kaub sicherlich die bemerkenswerteste. Ein wenig erinnert sie an ein auf einer Insel im Rhein gestrandetes Schiff, und ihr Bau ab dem 14. Jahrhundert hängt in der Tat mit der Schifffahrt auf dem Strom zusammen. Denn ähnlich wie der Binger Mäuseturm war der Pfalzgrafenstein eine Mautstation, an der, wie die Geschütztürme vermuten lassen, offenbar raue Sitten herrschten.

Von oben nach unten: Die ehemalige Wasserburg Namedy in einem Ortsteil von Andernach. Das Rheintal hat keineswegs ein Monopol auf mittelalterliche Festungsbauwerke. Solche alten Gemäuer sind vielmehr in ganz Rheinland-Pfalz verstreut, zum Beispiel die Burg Pyrmont in der Südeifel auf einer felsigen Klippe über einem Zufluss der Mosel. Selbst als Ruine macht der von einem hohen Bergfried überragte Bau noch eine gute Figur. Manche Landstriche sind für die Anlage von Burgen prädestiniert, wie der Wasgau ganz im Süden des Landes rund um das Städtchen Dahn. Dort hat die Natur mit schroffen Sandsteinfelsen schon die Fundamente für Burgen gesetzt, beispielsweise für die heutige Ruine Altdahn.

Kunstfreunden fällt bei Speyer sofort der Dom St. Maria und St. Stephan ein, ein Meisterwerk der Romanik und zeitweise das größte Gotteshaus des christlichen Abendlandes. Die alte Kaiser- und Bischofsstadt hat darüber hinaus eine ganze Reihe sehenswerter weltlicher Bauwerke zu bieten, wie das Altpörtel über der »Hauptstraße« (Bildmitte). Stattliche 55 Meter misst das mittelalterliche Stadttor in der Höhe – in Deutschland rekordverdächtig.

Rechte Seite: Es ist nicht bekannt, ob in den Gewässern rund um die Gemeinde Otterstadt am Oberrhein Fischotter hausen. Es wäre auch unwahrscheinlich, denn im Silber-, Mond-, Sonnen- und den übrigen Seen müssten die scheuen Tiere zumindest in den warmen Jahreszeiten ihren Lebensraum mit zweibeinigen Wasserratten teilen. Die teils aus Kiesgruben, teils aus alten Rheinarmen entstandene Seenplatte ist ein viel besuchtes Erholungsgebiet.

Historisches Zentrum der pfälzischen Mittelstadt, jahrhundertelang Residenz des Herzogtums Pfalz-Zweibrücken, ist das aus einer Burg hervorgegangene Schloss Zweibrücken, klar zu erkennen am dreieckigen Schlossplatz. Der eher schlichte, massige Bau entstand in den 1720er-Jahren in den Formen des Barock; das heutige Schloss ist nach den schweren Zerstörungen im Zweiten Weltkrieg eine Replik, wie schon seine beiden Vorgängerbauten, die ebenfalls in Kriegen zerstört wurden.

Ungefähr eine halbe Autostunde von Zweibrücken entfernt, breitet sich Pirmasens am Rand des Pfälzer Waldes unter dem hier heiteren Himmel aus. Die Stadt verdankt ihren Namen dem Wanderbischof St. Pirminius und war lange Zeit die Schuhstadt Deutschlands. Der billigeren Konkurrenz im Ausland kann die heimische Schuhindustrie heute allerdings nur noch bei Spezialprodukten standhalten. Was außerdem geblieben ist, sind Schuhmessen und -museen.

Wie man sieht, ist der Pfälzerwald ein Waldgebirge, und zwar eines, das hauptsächlich aus Buntsandstein aufgebaut ist. Hier in der südlichsten Pfalz bei Dahn hat der Saarbach mit seinen Zuflüssen die Schichten tief zerkerbt und ein für unsere Buntsandsteingebirge eher untypisches Landschaftsbild mit Kuppen und Kegeln geschaffen.

SAARLAND

Das Land im äußersten Südwesten der Republik hat nur einen einzigen bundesdeutschen (Rheinland-Pfalz), dafür aber gleich zwei EU-Nachbarn (Frankreich und Luxemburg). Letztlich sind es aber weniger die geografischen als die historischen Eigenarten, die den kleinsten Flächenstaat Deutschlands – der streng genommen Bliesland heißen müsste, denn die Blies ist der längste Fluss des Saarlandes – zu einem bemerkenswerten Außenseiter unter den deutschen Bundesländern machen.

In einem Atlas vom Beginn des 20. Jahrhunderts taucht ein nach der Saar benanntes Land noch überhaupt nicht auf, erst ab 1920 war ein »Saargebiet« für 15 Jahre als Mandat des Völkerbundes markiert – eine Folge des Ersten Weltkrieges. In der NS-Zeit kam dieses Gebiet (nun »Saarland« genannt) zum Deutschen Reich, doch lediglich bis in die Jahre nach dem nächsten Weltkrieg, als das »Saarprotektorat« mit fast allen Merkmalen eines souveränen Staates gegründet wurde. Zu diesen Merkmalen gehörten unter anderem eine eigene Verfassung, Staatsbürgerschaft und Währung sowie das Vorrecht, mit eigenen Teams an Olympischen Spielen und Fußballweltmeisterschaften teilzunehmen. Wahrscheinlich könnte das Saarland heute ein selbständiges Mitglied der EU sein, hätten sich die Saarländer nicht 1955 in einem Volksbegehren für den Anschluss an die Bundesrepublik entschieden, der schließlich im Sommer 1959 erfolgte.

Der Einfluss des großen Nachbarn Frankreich auf das Land an Saar und Blies war stets beachtlich. Anders formuliert, gehen hier Deutschland und Frankreich in mancher Hinsicht beinahe nahtlos neinander über, kulturell und kulinarisch, vor allem aber bezüglich der schon in der Stein-, Kelten- und Römerzeit besiedelten Naturlandschaften: Die meist bewaldeten Höhenrücken des Hunsrücks und die Kuppen des Saar-Nahe-Berglands fügen sich harmonisch an die überwiegend offenen Naturräume des Bliesgaus und Saargaus, die geologisch zum Lothringischen Schichtstufenland gehören.

Oben: Unweit Merzig ist bei Schwemlingen in der Talaue der Saar durch den Abbau von Kies und Sand eine kleine »Seenplatte« entstanden. Wasserliebende Pflanzen und Tiere nehmen dieses Biotop »aus zweiter Hand« gerne an.

Rechte Seite: Steinkohlenflöze gehören zu den traditionellen Fundamenten der saarländischen Wirtschaft, auch wenn der Bergbau erhebliche Schäden im Land verursacht, nur noch mit Subventionen am Leben erhalten werden kann und nicht zuletzt bei der Verstromung in Kohlekraftwerken enorme Mengen des Treibhausgases Kohlendioxid freisetzt. Ein Lichtblick: Die Wärmekraftwerke des Saarlands (hier das Kraftwerk Bexbach) sind auf dem neuesten Stand der Technik.

Am Stauvolumen, der Wasserfläche und der Höhe des Staudamms gemessen, ist der Bostalsee im Norden des Saarlands in der zweiten oder dritten Liga der bundesdeutschen Stauseen zu finden. Er wird hauptsächlich von der Bos, einem kleinen Nebenfluss der Nahe, gespeist. Die Talsperre dient dem Hochwasserschutz, aber noch mehr als Naherholungsgebiet im Städtedreieck Saarbrücken–Trier–Kaiserslautern.

In den Wäldern nahe der Wasserscheide von Saar und Nahe steht das Hofgut Imsbach, die wohl bemerkenswerteste Gutsanlage des Saarlandes. Mit ihren großen Scheunen und Ställen sowie dem Herrenhaus könnte sie genauso gut das Moränenhügelland Schleswig-Holsteins zieren. Im eher kleinbäuerlichen Südwesten fällt das Hofgut, dessen Wurzeln bis ins Mittelalter reichen, jedoch aus dem Rahmen. Es hat heute auch ganz andere Aufgaben als ein normaler Bauernhof: mit seinem ausgedehnten Park ist es ein Landschaftspflegehof, Hotel und Restaurant und nicht zuletzt ein Ort, an dem alte Haustierrassen gezüchtet und gehegt werden.

Beim Anblick der Schlackenhalde „Jägersfreude“ nahe Saarbrücken fühlt man sich nach Anatolien oder in irgendein anderes Trockengebiet der Erde versetzt. So messerscharf zerfurchte Hänge sind nur dort zu finden, wo gelegentliche Wolkenbrüche auf den nackten, ausgedörrten Boden niedergehen. Im klimatisch gemäßigten Saarland hängt das fremdartige Bild der Halde vor allem mit dem für unsere Breiten exotischen Mineralbestand des Bodens zusammen.

Schloss Saareck ist jüngster Teil eines architektonischen Ensembles, das sich seit Mitte des 19. Jahrhunderts um ein Gestüt mit Park entwickelt hat. Bauherrin des trutzigen Baus in rotem Werkstein war eine Mettlacher Fabrikantenfamilie, die sich mit Keramikprodukten einen Namen gemacht hatte. Heute bewirtet das aus dem Zusammenschluss mit Geschäftspartner, aber auch andere Gäste sind willkommen.

Das Martiaticum der Römer taucht bereits im 4. Jahrhundert in den Annalen auf; ab dem Ende des 14. Jahrhunderts war Merzig für rund 400 Jahre im gemeinsamen Besitz der Trierer Erzbischöfe und der Herzöge von Lothringen. Aus ihrer langen, bewegten Geschichte hat die Stadt an der Saar Baudenkmäler der verschiedensten Epochen bewahrt, allen voran St. Peter, die größte erhaltene romanische Kirche im Saarland.

Linke Seite: Etliche Flüsse im Rheinischen Schiefergebirge verbinden in sich zwei Merkmale, die eigentlich gar nicht zusammenpassen. Einerseits haben sie durch starke Erosion – vor allem im Eiszeitalter – tiefe Kerbtäler geschaffen, andererseits schlängeln sie sich wie träge Tieflandflüsse dahin. Lehrbuchbeispiel eines solchen Talmäanders ist die Große Saarschleife unweit Mettlach.

Das Zeitalter der Stromerzeugung aus Steinkohle und Grubengas, das im Wappen der Gemeinde Quierschied nördlich von Saarbrücken durch ein Förderrad und silberne Blitze symbolisiert wird, geht auch hier unaufhaltsam zu Ende. Stattdessen setzt man mehr auf alternative Energiequellen wie die Photovoltaik. Und die Rekultivierung der Bergwerkshalden schreitet langsam fort. Ein Problem, das die Saarländer wahrscheinlich noch jahrzehntelang beschäftigen wird, sind die Bergschäden in den Kohlerevieren. Sie verursachen Milliardenkosten.

Im 19. und 20. Jahrhundert erbaut, imponiert die Völklinger Hütte aus der Luft durch ihre umfangreiche Technik. Als einzige vollständig erhaltene integrierte Eisenhütte in ganz Westeuropa und Nordamerika genießt sie den Status der UNESCO-Welterbestätte »von besonderer menschheitsgeschichtlicher Bedeutung«. Bereits Ende des 19. Jahrhunderts war die Völklinger Hütte Deutschlands größter Stahlproduzent und war Vorbild für eine ganze Reihe von Eisenhütten weltweit.

Der Schornstein des Steinkohlekraftwerks Weiher III bei Quierschied ist mit über 200 Meter so hoch, dass er nicht ganz aufs Bild passt. Der mit Wasser aus der Saar gespeiste Kühlturm wirft bei niedrigem Sonnenstand einen gewaltigen Schatten und lässt im Winter Industrieschnee rieseln. Liebhaber modernster Kraftwerkstechnik interessieren sich jedoch mehr für ein architektonisches Highlight: In dem roten Turm ist der Feuerungskessel frei aufgehängt.

Eine Stadt, die einen grünen Baum im Wappen führt, muss naturgemäß auch sonst ein überwiegend grünes Bild bieten. Die in den Ausläufern des Pfälzer Waldes gelegene Kreisstadt Homburg (Saar) besitzt also einen außergewöhnlich hohen Waldanteil sowie darüber hinaus viele Gärten und Parks wie den von malerischen Weihern durchzogenen Stadtpark. Hier nicht zu sehen ist eine unterirdische Attraktion: die Buntsandsteingrotten im Schlossberg.

Rechte Seite: Saarbrücken, die Hauptstadt und einzige Großstadt des Saarlands, säumt die hier als Binnenwasserstraße ausgebaute Saar – genauer gesagt: den in ein enges Betonkorsett gezwängten Fluss. Früher konnte sich die Namensgeberin in der weiten Talaue frei entfalten und dabei ein Feuchtgebiet, ein Bruch, schaffen, das den zweiten Teil des Namens wohl erklärt. Vielleicht geht er aber auch auf das keltische »briga« (Fels) zurück. Mit Brücken, von denen man hier zwei sieht, hat der Stadtname jedenfalls nichts zu tun.

KARSTADT

Die mäßig aufgequollenen Haufenwolken am Himmel über Saarbrücken sollen nicht sagen, das Saarland im Allgemeinen und seine Hauptstadt im Speziellen hätten ein besonders wolkenreiches und feucht-kühles Klima. Mit rund 800 Liter Regen/Schnee je Quadratmeter pro Jahr und 9 °C Jahresmitteltemperatur liegt es vielmehr ziemlich genau im deutschlandweiten Durchschnitt.

Knapp 150 Jahre dauerte das Zeitalter kultureller Blüte in Blieskastel, dem historischen Zentrum des Bliesgaus – ein winziger Ausschnitt aus einer langen Geschichte, die bis in die Steinzeit zurückreicht und nahe der kleinen Stadt durch einen imposanten Menhir dokumentiert wird. Vom prachtvollen Residenzschloss der Reichsfreiherren von der Leyen sind indes nur ein paar Nebengebäude erhalten geblieben. Der Barockbau ging in den Wirren der Französischen Revolution unter.

Wie der benachbarte pfälzische Wasgau besitzt der saarländische Bliesgau etliche von der Natur aus Sandstein geformte Felsburgen, die ohne größere Mühen zu echten Burgen aufgestockt werden könnten. Vor fast tausend Jahren entstand auf diese Weise die Burg Kirkel. Mehrfach zerstört, wurde sie schließlich nur noch als Steinbruch genutzt. Der in den 1950er-Jahren wiedererrichtete runde Bergfried vermittelt ein anschauliches Bild von ihrer ursprünglichen Gestalt.

Baden-Württemberg

Salopp formuliert, könnte man ein halbes Dutzend der deutschen Bundesländer als Bindestrich-Staaten bezeichnen, so auch das drittgrößte Land, das sich im Südwesten der Republik zwischen der Bergstraße und dem Bodensee erstreckt. Wie bei den anderen schimmern in dem Doppelnamen die beiden wichtigsten historischen Länder durch, in diesem Fall das Königreich Württemberg und das Großherzogtum Baden, nicht jedoch die Hohenzollernschen Lande sowie die rund 300 weiteren Territorien, die das »Ländle« formten.

Nur im äußersten Südosten reicht das erst 1952 nach diversen Querelen in seinen heutigen Grenzen markierte Baden-Württemberg über das von eiszeitlichen Gletschern geformte Alpenvorland hinweg bis an den Alpenrand. Sonst hat das »Schwabenland«, wie es norddeutsche Bundesbürger in Unkenntnis der geschichtlichen und landsmannschaftlichen Verhältnisse oft nennen, fast durchweg Mittelgebirgscharakter, am ausgeprägtesten in den Waldgebirgen am Rand des von Rebgärten gesäumten Oberrheintieflandes. Zweifellos noch landestypischer sind jedoch die Geländestufen der Schwäbisch-Fränkischen Alb, die sich schroff über die flachwelligen Gäulandschaften erheben.

Dem Kunstsinn seiner Bauherren verdankt das Land im Südwesten eine unglaubliche Fülle herausragender Bauwerke, manche von Weltrang wie die Zisterzienserabtei Maulbronn im Schwarzwald, die wohl schönste Klosteranlage Deutschlands, oder das Kloster auf der Insel Reichenau im Bodensee, ebenfalls ein Meisterwerk sakraler Architektur. Gesamtkunstwerke ganz besonderer Art und zwischen Nordsee und Alpen einzigartig sind die historischen Kerne der ehemals großherzoglichen Residenzstädte Karlsruhe und Mannheim, am Reißbrett geplant und im flachen Oberrheintiefland perfekt verwirklicht.

Oben: Baden-Württemberg (hier ein Bach bei Tübingen) gehört größtenteils zum Einzugsgebiet des Rheins, nur die Landschaften südöstlich der Schwäbischen Alb entwässern zur Donau hin. Der Strom erweitert sein Revier ständig, auch unterirdisch.

Rechte Seite: Der Schwarzwald, Baden-Württembergs mächtigstes Gebirge, bietet ein ganz unterschiedliches Landschaftsbild – je nachdem, aus welcher Himmelsrichtung man sich ihm nähert. Im Osten steigt er sanft, fast unmerklich an, im Westen bricht er dagegen schroff ab.

Die Stadt, in der angeblich so mancher sein Herz verloren hat, blieb im Zweiten Weltkrieg von den ärgsten Schäden verschont. Sie schmückt sich nicht nur mit dem berühmten Heidelberger Schloss, im historischen Zentrum am Neckarufer gibt es viele weitere prächtige Bauten zu entdecken, beispielsweise die Jesuitenkirche (Bildmitte). Sie wurde im 18. Jahrhundert im Barockstil erbaut; der hohe Kirchturm ist eine Zutat aus dem späten 19. Jahrhundert.

Linke Seite: In Wertheim, der nördlichsten Stadt Baden-Württembergs, mündet der Tauber in den Main. Auf der schmalen Landzunge zwischen den beiden Flüssen drängen sich die Häuser der im frühen Mittelalter gegründeten Stadt – eine heikle Lage, vor allem bei Hochwässern. Regelmäßig werden Teile der Altstadt überflutet, im Februar 1909 zum Beispiel standen die Straßen Wertheims bis zu drei Meter unter Wasser. Wie so oft traten die Flüsse damals bei einer plötzlichen Schneeschmelze über ihre Ufer.

In Württemberg und in Baden zählt man ungewöhnlich viele Burgen und Schlösser. Diese Vielfalt spiegelt die frühere territoriale Zersplitterung der Region deutlich wider, verrät aber auch Beständigkeit. Denn nicht wenige der noblen Residenzen werden bis heute vom selben Adelsgeschlecht bewohnt. Zum Beispiel Schloss Langenburg, bereits Anfang des 13. Jahrhunderts urkundlich erwähnt und bis in unsere Zeit Wohnsitz der Familie Hohenlohe-Langenburg.

Linke Seite: Eine Stadt im Quadrat. Man könnte es für das Luftbild einer großen Stadt in der Neuen Welt halten, und die Bezeichnungen der Häuserblocks (A1, A2 ...) auf dem Stadtplan wirken in Mitteleuropa ebenfalls exotisch. Der historische Kern der ehemaligen kurpfälzischen Residenzstadt Mannheim wurde im 17. und 18. Jahrhundert nach diesem strengen Raster angelegt. Heute ist die Stadt am Zusammenfluss von Rhein und Neckar die zweitgrößte Baden-Württembergs.

Knapp 500 Meter Meereshöhe erreicht der in viele Rücken und Kuppen zergliederte Stromberg am höchsten Punkt. Das Massiv im nördlichen Baden-Württemberg ist also kein Riese, aber eines der interessantesten in unserem Land. Unter dem Stichwort »Reliefumkehr« findet man den Stromberg in Lehrbüchern der Geologie. Reliefumkehr bedeutet, dass er durch Erosion aus einer geologischen Mulde, einer Art Delle in den Schichten des Erdmittelalters, hervorgegangen ist. Die Oberflächenformen sind also der geologischen Struktur genau entgegengesetzt.

Die Abteikirche Neresheim hat es gewiss nicht nötig, sich schamhaft in Wolken zu hüllen. Vielmehr ist das nach den Plänen des fränkischen Baumeisters Balthasar Neumann errichtete Gotteshaus ein Kleinod des Barock, wie man es in Deutschland, vielleicht sogar in ganz Europa selten findet. Von außen präsentiert sich die Klosterkirche vergleichsweise schlicht, umso verschwenderischer ist ihr innerer Schmuck mit hervorragenden Deckengemälden und Stuckarbeiten.

Rechte Seite: Stuttgart gehört zu der Handvoll deutscher Landeshauptstädte, die auch als Weinbaugemeinden einen guten Namen haben. Von der Großlage Weinsteige erstreckt sich ein Ausläufer vom Neckar beiderseits der Rems bis in die Region um Waiblingen, in der auf Muschelkalk- und Keuperböden die typisch württembergischen Rebsorten reifen, vor allem für ausdrucksstarke Rotweine wie den Trollinger.

So modern und exklusiv wie die nicht nur in Untertürkheim produzierten Kraftfahrzeuge: das Mercedes-Benz-Museum, das zusammen mit einem Kundenzentrum die Mercedes-Benz-Welt bildet. In der avantgardistischen Architektur verbergen sich Anspielungen auf technische Innovationen, zum Beispiel den Wankel-Motor; von oben betrachtet, gleicht der Gebäudekomplex ohnehin eher dem Baustein eines Computers. Alle möglichen Exponate, die das Herz jedes Benz-Fans höher schlagen lassen, sind zu finden, von uralten Oldtimern über normale Omnibusse bis zu den legendären Silberpfeilen.

Waldeinsamkeit hat ihren Reiz, doch nur in einem standesgemäßen Quartier – dies ist die Maxime, nach der das Jagd- und Lustschloss Solitude bei Stuttgart in den 1760er-Jahren für die Herzöge von Württemberg erbaut wurde. Sie ließen sich den Rokoko-Bau viel kosten, zu viel für die Staatskasse. Ein für Naturfreunde interessantes »Anhängsel« ist die Solitudeallee, die vom Schloss schnurgerade zum fürstlichen Residenzschloss in Ludwigsburg führt.

Die altehrwürdige Universitätsstadt am Neckar ist auch für jüngere Studentengenerationen noch immer höchst attraktiv. Sicherlich liegt die Anziehungskraft von Tübingen vor allem in der einladenden, fast heimeligen Atmosphäre seiner Altstadt mit ihren verwinkelten Gassen, stolzen Fachwerkhäusern im alemannischen Stil und nicht zuletzt dem kunstvoll bemalten Rathaus (im Hintergrund), das am Marktplatz regelmäßig mit einem Glockenspiel an Vorlesungen und Seminare erinnert.

Rechte Seite: Der Turm des Ulmer Münsters ist mit gut 161 Metern Höhe der höchste Kirchturm der Welt. Das von dem New Yorker Architekten Richard Meier entworfene und 1993 eröffnete Stadthaus am Münsterplatz, der helle Bau im Vordergrund, muss sich als Blickfang neben dem mächtigen Münster nicht verstecken.

Die Schwäbische Alb ist sozusagen das Rückgrat Baden-Württembergs, vor allem vom Klima her und in den kalten Jahreszeiten. Auf den Höhen des Schichtstufenlandes scheint dann oft die Sonne, an seinen nach Westen gerichteten Flanken stauen sich dagegen die Wolken, bringen Schnee oder Schneeregen und kaschieren diverse Kältelöcher im Vorland. Zu diesen Kaltluftsenken gehört an erster Stelle die Baar, in der Neckar und Donau entspringen.

Linke Seite: Burg Hohenzollern krönt einen Zeugenberg vor der steilen Westflanke der Schwäbischen Alb. Burg und Berg bezeugen zweierlei: geologisch die fortschreitende Abtragung der Gebirgsflanke und historisch den von vielen Rückschlägen unterbrochenen Aufstieg des süddeutschen Fürstengeschlechts der nach ihrem Stammsitz benannten Hohenzollern zur Dynastie der späteren deutschen Kaiser. In ihrer heutigen Gestalt entstand die Burg in der Zeit, in der sich die Hohenzollern anschickten, das Deutsche Reich zu gründen, also vorwiegend in der zweiten Hälfte des 19. Jahrhunderts.

Ein Juwel der Baukunst, geschliffen in den Formen des Klassizismus und gefasst in die grünen Fichtenwälder des Südschwarzwalds, ist der Dom St. Blasius in dem Kurort St. Blasien. Die mächtige Abteikirche, 1783 geweiht, hatte im Petersdom zu Rom ihr Vorbild und kommt ihm mit ihrer 62 Meter hohen Kuppel sehr nahe. Nur etwa ein Jahrzehnt nach der Weihe wurde das Kloster bereits wieder aufgelöst.

Rechte Seite: In der Werbung für die gehaltvollen Weine aus dem Kaiserstuhl wird gern das feurige Lavagestein angeführt – obwohl die Vulkane an dieser Stelle des Oberrheingrabens bereits vor mindestens 15 Millionen Jahren erloschen und die Weine ihre Qualität mehr einem Produkt des Eiszeitalters verdanken: dem Löss. Um den wertvollen Boden vor der Abtragung zu bewahren, wurden am Kaiserstuhl in den letzten Jahrzehnten monströse Terrassen angelegt (und dadurch das Geländeklima verschlechtert).

Wer über Freiburg im Breisgau schreibt, kommt am Stichwort »Klima« nicht vorbei. Denn die südlichste Großstadt Deutschlands gilt allgemein als besonders reich an Sonnenschein und Wärme. Allerdings beschert ihr der Schwarzwald, über dem sich hier kapitale Quellwolken auftürmen, durch Staueffekte überdurchschnittlich viel Regen. Und im Winter liegt die Münsterstadt oft genug in dichtem Nebel.

Der Spitzname »Schwäbisches Meer« klingt in norddeutschen Ohren reichlich übertrieben, doch der Bodensee ist in der Tat ein großes, zuweilen raues Gewässer und verändert das Klima beinahe so wie Nord- und Ostsee. Vom maritimen Klima profitieren nicht nur die Rebstöcke am Ufer, es beschert der »Blumeninsel« oder dem »Blumenschiff« Mainau auch eine fast subtropische Flora mit exotischen Gewächsen, die in unseren Erdbreiten eigentlich nichts zu suchen haben.

Linke Seite: Am westlichen Ende spaltet sich der Bodensee in zwei Zweigbecken auf: den Überlinger See und (hier zu sehen) den Untersee, den der Rhein bei Stein als Hochrhein verlässt. Für »Vater Rhein« ist das Schwäbische Meer genau genommen nur ein Klärbecken, in dem er sich von seinen Sedimentlasten befreien kann. Schlamm-, Sand- und Kiesschichten füllen daher das Seebecken allmählich auf. Irgendwann wird der Bodensee verschwunden sein – schade!

Bayern

Seit der Landnahme der Bajuwaren im 6. Jahrhundert n. Chr. hat das Land in der Südhälfte Deutschlands die verschiedensten Staatsformen durchlaufen: Herzogtum, Kurfürstentum, Königreich, Republik ... und nach 1945 wieder Freistaat. Von der Landesfläche her steht Bayern unter den Bundesländern vor Niedersachsen klar an der Spitze, in der Bevölkerungszahl wird es nur von Nordrhein-Westfalen übertroffen.

In den Prospekten, in denen im Ausland für das Reiseziel Bayern geworben wird, sind drei Fotomotive mit an Sicherheit grenzender Wahrscheinlichkeit abgebildet: der Königssee vor der imposanten Kulisse der Berchtesgadener Alpen, Schloss Neuschwanstein, das auf einem Felsen am Rand des Ammergebirges thront, und als Beispiel aus dem Alpenvorland der Chiemsee. So hübsch die Fotos auch sind – sie zeigen nicht die typisch bayerischen Landschaften, denn von der Fläche des Freistaates entfallen bestenfalls zwei Prozent auf die Alpen und ein paar weitere auf das Alpenvorland. Auf gut neun Zehnteln seines Territoriums hingegen präsentiert sich Bayern als Land der Mittelgebirge, von der vulkanischen Rhön und dem Sandsteinspessart im Norden über die Schichtstufenländer und Gäue in der Mitte bis zu den Granitgebirgen im Osten.

Die Geologie bringt über die verwendeten Werksteine und den Boden reichlich Farbe in das Bild der Dörfer und Städte; der sachkundige Kunstfreund erkennt daran sofort die Schichtenfolge der Region, und der Weinliebhaber schmeckt im Fränkischen am Rebensaft den rassigen Muschelkalk oder den milderen Buntsandstein des Bodens.

Ohne den weitverbreiteten Gips gäbe es auch die kunstvollen Stuckarbeiten nicht, zum Beispiel im Weißen Saal der fürstbischöflichen Residenz in Würzburg oder in den herrlichen Wallfahrtskirchen und Klöstern des Pfaffenwinkels im südlichen Teil des Freistaats.

Oben: Ob der Main als »Weißwurstäquator« Bayerns Nordgrenze bildet, ist umstritten. Im Süden, jenseits der Donau, endet der Freistaat dagegen klar an den Kämmen der Nordalpen.

Rechte Seite: »Iller, Lech, Isar, Inn ...« – von den in der geografischen Eselsbrücke erwähnten rechten Nebenflüssen der Donau ist der zuletzt genannte der bedeutendste, leider nur durch Staustufen, Wasserkraftwerke und Kanalisierung (hier flussabwärts von Wasserburg bei Kraiburg) weit vom naturnahen Zustand entfernt.

Nachfolgende Doppelseite: Als Räuberhöhle ist der »Spechtswald« in Franken deutschlandweit bekannt. Demnach schreckt wohl nicht nur das im Sommer vergleichsweise kühle und im Winter mäßig kalte Klima des Spessarts Besucher von einem Ausflug auf die Höhen des Mittelgebirges ab. In den Tälern herrscht dagegen ein Klima mit mediterranem Hauch.

Nur selten hat eine größere deutsche Stadt ihren mittelalterlichen Kern so makellos erhalten können wie die mindestens tausend Jahre alte Bischofs- und Kaiserstadt Bamberg – für die UNESCO Grund genug, sie in die Liste des Welterbes aufzunehmen. Der wohl kostbarste Schatz der oberfränkischen Metropole ist der Bamberger Dom (rechts oben, zu erkennen an den vier Türmen). Als Mittelpunkt der Bischofsstadt birgt die herrliche Kathedrale unter anderem die erhabene Skulptur des Bamberger Reiters.

Anfang des 18. Jahrhunderts zog es die Würzburger Fürstbischöfe vom Marienberg hinunter in die Stadt, wo in der Talaue genügend Platz für eine repräsentative Residenz nach dem fürstlichen Geschmack jener Zeit vorhanden war. Das Ergebnis der kostspieligen und langwierigen Bauarbeiten kann sich sehen lassen: die Würzburger Residenz (hier die Hofseite) wurde zu einem Prachtstück des süddeutschen Barock. Schade, dass man im Luftbild nicht hinter die Fassaden schauen kann ...

Einen Röntgenblick liefern normale Luftbilder noch nicht, sonst wäre zu erkennen, dass sich unter der hier verschneiten kuppigen Karstlandschaft der Fränkischen Schweiz ein Höhlenlabyrinth verbirgt. Kaum eine andere Region Deutschlands ist dermaßen durchlöchert. Sind die für das Landschaftsbild charakteristischen Kuppen vielleicht Überbleibsel des tropischen Kegelkarsts, der sich hier vor Jahrmillionen entwickelte?

Linke Seite: Dem malerischen Zentrum von Sulzbach-Rosenberg sieht man nicht an, dass die Stadt am Ostrand der Fränkischen Alb bis in die 1970er-/1980er-Jahre ein bedeutender Schwerpunkt des Eisenerzbergbaus und der Stahlindustrie in Nordostbayern war. Dafür erinnern stattliche Bauten wie das gotische Rathaus mit seinem Staffelgiebel, die gotische Pfarrkirche St. Mariä und nicht zuletzt das Herzogsschloss an die ältere Geschichte der 1934 durch die Zusammenlegung der Gemeinden Sulzbach und Rosenberg entstandenen Stadt.

Linke Seite: Bayerns zweitgrößte Stadt (rund 500 000 Einwohner) breitet sich auf dem sandigen Vorland der Fränkischen Schweiz beiderseits der Pegnitz aus. Beinahe nahtlos geht die ehemals Freie Reichsstadt Nürnberg in die benachbarten Städte Fürth und Erlangen über, formt so in Mittelfranken ein ausgedehntes Verstädterungsgebiet.

An die Siege in den Napoleonischen Kriegen (1813–1815) soll das markante Gebäude erinnern, das bei Kelheim auf einem Berg oberhalb der Einmündung der Altmühl in die Donau steht. König Ludwig I. von Bayern ordnete den Bau der Befreiungshalle an, Hofarchitekt Leo von Klenze vollendete sie im Jahr 1863. Das Innere des gewaltigen Rundbaus ist als Ruhmeshalle gestaltet, mit einer hohen Kuppel, kolossalen Statuen von Siegesgöttinnen – und vielen versteckten Anspielungen, die nur der kundige Historiker deuten kann.

Nachfolgende Doppelseite: Noch ist an den Altarmen zu erkennen, wie sich die Donau (hier bei Straubing) einst gemächlich durch die breite Talaue schlängelte. Der Ausbau zur Binnenwasserstraße und die damit verbundene Begradigung haben den Strom inzwischen zum Torso werden lassen.

Linke Seite: Die Stadt an der Isar zieht alle vier Jahre Gäste an und erinnert an eine Landshuter Hochzeit im Jahr 1475. Damals ehelichte der bayerische Herzog Georg der Reiche eine polnische Prinzessin. Die Umzüge durch die historische Altstadt führen auch am Turm der spätgotischen Martinskirche vorbei – mit 131 Metern Höhe unter Bayerns Kirchtürmen der Rekordhalter und außerdem der höchste Backsteinturm der Welt.

Bayern besitzt viele Wallfahrtsorte, doch nur einen vom Rang europäischer Pilgerziele wie Lourdes oder Tschenstochau: Altötting. Mit beiden Wallfahrtsstätten verbindet die Stadt im oberbayerischen Alpenvorland die besondere Verehrung Marias, in diesem Fall in Gestalt des Gnadenbildes der Schwarzen Muttergottes. Die Gnadenkapelle (inmitten des hellen Platzes) bildet nur einen schlichten Rahmen für das Heiligtum.

Nachfolgende Doppelseite: Stromaufwärts von Regensburg hat die Donau ein grandioses Durchbruchstal in die hellen Kalksteine des Jura gekerbt. Im schönsten Abschnitt der Talenge befindet sich die Benediktinerabtei Weltenburg. Das zu Beginn des 7. Jahrhunderts gegründete Kloster gilt als ältestes Bayerns. Seit rund tausend Jahren wird hier von den Mönchen ein süffiges Dunkelbier gebraut.

Von oben nach unten: Den Odeonsplatz beherrscht mit ihren zwei Türmen und der Kuppel die in den Bauformen des Barock und Rokoko errichtete Theatinerkirche. Am südlichen Ende des Platzes steht die nach italienischen Vorbildern gestaltete Feldherrnhalle. Als Kultstätte der Nationalsozialisten zählt sie heute mehr zu Münchens »Unwahrzeichen«. Frische durchschnittliche Lufttemperaturen um 17 °C und reichlich Regen im Hochsommer sind nicht eben optimal für das Badevergnügen im Freien. Davon lassen sich die Münchener das Vergnügen freilich nicht verderben, zum Beispiel im Dante-Freibad.
Das Parlament des Freistaats Bayern tagt im etwas protzigen, 1874 fertiggestellten Maximilianeum, auch wenn dessen Name nicht an demokratische Traditionen, sondern an die Monarchie in Bayern erinnert.

Linke Seite: Als Wahrzeichen der bayerischen Landeshauptstadt ist die 1494 geweihte Frauenkirche mit ihren beiden, von »welschen« Hauben gekrönten, unverwechselbaren Türmen selbst nördlich des Mains bekannt. Nur einen Steinwurf davon entfernt steht am Marienplatz, im Zentrum von Münchens Innenstadt, das Neue Rathaus in neugotischem Gewand. Wegen der Aussichtsgalerie an der Turmspitze und seinem Glockenspiel ein von Touristen sehr geschätztes Ziel.

Als Landschaftskulisse für bayerische »Märchenschlösser« wie das Schloss Neuschwanstein ist der Königswinkel mit dem Wintersportplatz und Kurort Füssen im Mittelpunkt bestens geeignet: Nach Norden hin schweift der Blick frei über das im Sommer grasgrüne, hügelige Alpenvorland, in das der Forggensee und weitere Seen eingebettet sind, im Süden steigen – so schroff wie an wenigen Orten der Bayerischen Alpen – die kalkgrauen Felswände der Allgäuer und der Ammergauer Alpen auf.

Rechte Seite: Von den Eiben, die dem Eibsee bei Garmisch-Partenkirchen wohl den Namen verliehen haben, sind nur wenige übrig geblieben. Dauerhaftere Spuren hat ein gewaltiger Bergsturz hinterlassen, der in der Nacheiszeit von den steilen Flanken des Wettersteingebirges niederging. Seine Trümmermassen stauen seither den malerischen, lichtgrün getönten See auf; einzelne bis hausgroße Blöcke ragen als Inseln über den Spiegel des stillen Gewässers.

Nachfolgende Doppelseite: Im Himalaya wäre die Zugspitze, der höchste Berg unseres Landes (2962 Meter über dem Meer), nur einer von unzähligen namenlosen 2000- bis 3000ern. Doch allein in Metern lässt sich die Qualität eines Berges nicht beschreiben. Derart zerklüftet und im Winter mit Schnee und Eis überkrustet, würde die vermutlich im 18. Jahrhundert erstmals bestiegene Zugspitze selbst im Umkreis des Mount Everest eine gute Figur abgeben.

IMPRESSUM

Text: Dr. Peter Göbel
Lektorat: Sabine Wünsch
Umschlaggestaltung: Alexander Knoll
Grafische Gestaltung und Satz: Janette Schroeder, wordundart, München
Herstellung: Bettina Schippel
Repro: Repro Ludwig, Zell am See

Druck und Bindung: Printer Trento
Printed in Italy

Die Deutsche Nationalbibliothek verzeichnet diese Publikation in der deutschen Nationalbibliografie: detaillierte bibliografische Daten sind im Internet über http://dnb.d-nb.de abrufbar.

3. Auflage 2012

www.frederking-thaler.de

ISBN 978-3-89405-903-3